bātem̐ बातें

Hindi-Grammatik kommunikativ

Übungen 1

bātem̐ बातें

Hindi-Grammatik kommunikativ

Übungen 1

Elmar J. Renner /
Vipul Goswami

Bibliografische Information der Deutschen Nationalbibliothek
Die Deutsche Nationalbibliothek verzeichnet diese Publikation in der Deutschen Nationalbibliografie; detaillierte bibliografische Daten sind im Internet über http://dnb.dnb.de abrufbar.

HASP
HEIDELBERG ASIAN STUDIES PUBLISHING

Publiziert bei Heidelberg Asian Studies Publishing (HASP), 2023

Universität Heidelberg / Universitätsbibliothek
Heidelberg Asian Studies Publishing (HASP),
Grabengasse 1, 69117 Heidelberg
https://hasp.ub.uni-heidelberg.de

Die elektronische Open-Access-Version dieses Buches ist auf der Webseite von Heidelberg Asian Studies Publishing dauerhaft frei verfügbar:
https://hasp.ub.uni-heidelberg.de
urn: urn:nbn:de:bsz:16-hasp-1214-1
doi: https://doi.org/10.11588/hasp.1214

Fotos: Vipul Goswami
Umschlagkonzept: Anton Vinther

ISBN 978-3-948791-70-4 (Softcover)
ISBN 978-3-948791-69-8 (PDF)

Inhalt

Methodik

1 Aufbau des Lehrwerks

Der vorliegende Übungsband ist Teil eines zweiteiligen Hindi-Lehrwerks, welches in 46 Lektionen die Grammatik des Hindi kontextualisiert vermittelt. Der erste Teil (Lektion 1-23) umfasst – neben diesem Übungsband (1.1) – Grammatik und Wortschatz (1.2), Methoden, Lösungen, Glossar (1.3) und einen Grundwortschatz (1.4). Der zweite Teil (Lektion 24-46) besteht ebenso aus Übungen (2.1), Grammatik und Wortschatz (2.2), Methoden, Lösungen, Glossar (2.3) und einem Lernwortschatz (2.4).

2 Aufbau der Lektionen

Das Lehrwerk kann kurstragend oder ergänzend eingesetzt werden. Dazu enthalten die Lektionen unterschiedliche Übungsformate. Den Kern einer jeden Lektion bildet die Einführung in die jeweilige Grammatik-Struktur (Abschnitt 1). Es folgen Satzmusterübungen (Abschnitt 2), Übungen zur Textarbeit (Abschnitt 3) sowie weitere Aufgaben zur kontextualisierten Einübung der Strukturen (ab Abschnitt 4).
Die Aufgabenfolge, die den Kurs ausmacht, kann also je nach Kursziel und Kursumfang unterschiedlich gestaltet werden (s. 4 mögliche Kurspläne).

3 Aufgabenformate und mögliche Methoden einer Lektion

	Aufgaben	**mögliche Methoden**
1	Freie Kommunikation zum Einstieg: *„Unterhalten Sie sich“* – z.B. 1.1.a, 2.1.a, 2.1.c, 3.1.a	z.B. als Blitzlicht, als vom Dozenten moderiertes Gespräch im Plenum, als Partner-, Gruppengespräch, ggf. mit anschließender Präsentation im Plenum, als kreatives Schreiben;
	Lexikalische Vorentlastung: *„Was bedeuten diese Wörter / Ausdrücke?“* – z.B. 1.1.b, 2.1.b, 3.1.b	z.B. Lesen (bis ca. Lektion 6 ggf. als Treppenlesen), Übersetzen, Veranschaulichen, Paraphrasieren der Ausdrücke;
	Rekonstruktion des Mustertextes: *„Bilden Sie Sätze nach dem Beispiel“* – z.B. 1.1.c, 2.2.d, 3.1.c	z.B. im Plenum an der Tafel, als Partner-, Gruppenarbeit mit Selbstkontrolle, als Laufdiktat, anschließend Schattenübung;
	Besprechung der Regel: *„Wie bildet und verwendet man ...?“* – z.B. 1.1.d, 2.1.e, 3.1.d	z.B. als vom Dozenten durch Fragen strukturiertes Gespräch im Plenum, als Lernerreferat auf der Basis des Grammatikteils, ggf. unter Berücksichtigung weiterer Literatur;
	Freie Kommunikation zur Anwendung: *„Fragen für Gespräche“* – z.B. 1.1.e, 2.1.f, 3.1.e	siehe oben;
2	Kontrastive Satzmusterübungen: *„Bilden Sie Sätze.“* – z.B. 1.2, 2.2, 3.2	z.B. als Drills im Plenum oder in Partner- oder Gruppenarbeit, als Übersetzung vom Deutschen ins Hindi;
3	Textarbeit: *„Lesen Sie den Text“* usw. – z.B. 1.3.a-c, 2.3.b-e, 3.3.a-e	z.B. Lesen, Umformulieren, Textverständnis (Fragen, Zusammenfassung), Strukturanalyse, Übersetzung, weitere Übungen (Schattenübungen, Diktat);
4	gebundene und freie Übungen zum Einüben von Strukturen – ab 1.4, 2.4, 3.4, usw.	siehe oben;

4 Mögliche Kurspläne

Für einen Kurs mit vier Wochenstunden, die sich auf zwei Sitzungen verteilen, könnten etwa folgende Übungen ausgewählt werden:

Woche	1. Sitzung der Woche	2. Sitzung der Woche
1	0.1	0.2, 0.3
2	0.5, 0.6	0.13, 0.14
3	1.1.b-d, 1.3.a-b	2.1.b, d, e, 2.3.b, d, e
4	3.1.b-d, 3.3.b, d, e	4.1.b-d, 4.3.b, d, e
5	5.1.b-d, 5.3.c, e, f	61.b-d, 6.3.b, d, e
6	7.1.a-c, 7.3.b-c	8.1.a-b, 8.3.a, c, d
7	9.1.b-d, 9.3.a, d	10.1.b-c
8	11.1.b, c, e, 11.3, c, e	12.1.a, c, 12.3, b, e, f
9	13.1.b, c, d, 13.3.b, f, g	14.1.b, c, d, e
10	15.1.b-c, 15.3.b, f, g	16.1.b, c, d
11	17.1.b, c, d	18.1. b, c, d, 18.3.b, d, e
12	19.1.b, c, d, 19.3.d, h, i	20.1.b, c, 20.3.c, g, h
13	21.1.b, d, 21.3.b, e, f	22.1.b, c, d
14	23.1.c, d, e, f	Klausur

Ein Kurs mit zehn auf fünf Sitzungen verteilten Wochenstunden könnte etwa so aufgebaut werden:

Woche	1. Sitzung	2. Sitzung	3. Sitzung	4. Sitzung	5. Sitzung
1	0.1	0.2, 0.3	0.5, 0.6, 0.9	0.8, 0.10, 0.11	0.13, 0.14
2	1.1, 1.2	1.3	2.1, 2.2	2.3	Test, Übungen
3	3.1, 3.2	3.3	4.1, 4.2	4.3	Test, Übungen
4	5.1, 5.2	5.3	6.1, 6.2	6.3	Test, Übungen
5	7.1, 7.2	7.3	8.1, 8.2	8.3	Test, Übungen
6	9.1, 9.2	9.3	10.1, 10.2	10.3	Test, Übungen
7	11.1, 11.2	11.3	12.1, 12.2	12.3	Test, Übungen
8	13.1, 13.2	13.3	14.1, 14.2	14.3	Test, Übungen
9	15.1, 15.2	15.3	16.1, 16.2	16.3	Test, Übungen
10	17.1, 17.2	17.3	18.1, 18.2	18.3	Test, Übungen
11	19.1, 19.2	19.3	20.2, 20.2	20.3	Test, Übungen
12	21.1, 21.2	21.3	22.1, 22.2	22.3	Test, Übungen
13	23.1, 23.2	23.3	Wiederholung	Wiederholung	Wiederholung
14	Wiederholung	Wiederholung	Wiederholung	Klausur	Abschluss

Übungen, die nicht im Unterricht gemacht werden, können für Tutorien, Lerngruppen oder im Selbststudium und für Klausuren verwendet werden.

लिपि

Schrift

0.1 *Ausdrücke und Laute*

(a) Üben Sie diese Ausdrücke.

मेरा नाम ... है ।
merā nāma ... hai
mein Name ... ist

जी
jī
Herr / Frau

आपका नाम क्या है ?
āpakā nāma kyā hai ?
Ihr Name was ist ?

अच्छा !
acchā
gut

उसका नाम ... है ।
usakā nāma ... hai
sein/ihr Name ... ist

(b) Üben Sie diese Ausdrücke.

आप कौन हैं ?
āpa kauna haiṁ?
Sie wer sind ?

और आप ?
aura āpa ?
und Sie ?

मैं ... हूँ ।
maiṁ ... hūṁ
ich ... bin

वे ... हैं ।
ve ... haiṁ
sie ... sind

वे कौन हैं ?
ve kauna haiṁ?
sie wer sind ?

(c) In welchen Wörtern kommen diese Laute vor?

ā	au	aiṁ	stummes a

(d) Üben Sie diese Ausdrücke.

सब ठीक है ?

saba ṭhīka hai ?
alles gut ist ?

हाँ / नहीं

hāṁ / nahīṁ
ja / nein

ठीक है।

ṭhīka hai
[es] gut ist

सब ठीक है।

saba ṭhīka hai
alles gut ist

(e) Üben Sie diese Ausdrücke.

आप बताइए !

āpa batāie
Sie sagen-bitte

फिर से !

phira se
nochmal

(f) Üben Sie diese Ausdrücke.

और अब...

aura aba
und jetzt

शुरू करें !

śurū kareṁ
Anfang machen [wir]!

तो...

to
so

चलो

calo
geht [ihr]!

चलें

caleṁ
gehen [wir]!

(g) Üben Sie diese Ausdrücke.

मतलब ?
matalaba ?
Bedeutung?

हिंदी में
hiṃdī meṁ
auf Hindi

जर्मन में
jarmana meṁ
auf Deutsch

(h) Fragen Sie, was die Wörter in den Ausdrücken bedeuten.

'ठीक' मतलब क्या ? → 'ठीक' मतलब 'gut' ।

'ṭhīka' matalaba kyā? — 'ṭhīka' matalaba 'gut'.
'ṭhīka' Bedeutung was? — *'ṭhīka' Bedeutung 'gut'*

(i) In welchen Wörtern kommen diese Laute vor?

ī	i	ṭh	ś

(j) Finden Sie weitere Laute.

(k) Lesen Sie die Wörter in der Transliteration und bestimmen Sie jeweils alle Laute.

0.2 *Laute und Zeichen*

(a) Finden Sie die Entsprechungen dieser Zeichen in anderen Brāhmī-Varianten.

	Devanāgarī	Guramukhī	Bāṃlā	Kannaḍa
ka	क	ਤੂ	ক	ಸೆ
se	से	ਸੇ	তূ	ತೂ
tū	तू	ਕ	সে	ಕ

(b) Die Prinzipien der Devanāgarī (und anderer Brāhmī-Schriften)

1 Grundzeichen – Lesen und transliterieren Sie die folgenden Zeichen:

क य स त न प

2 Vokaldiakritika – Lesen und transliterieren Sie diese Zeichen:

के ये से ते ने पे

कू यू सू तू नू पू

3 Ligaturen – Lesen und transliterieren Sie diese Zeichen. Wie sind sie zusammengesetzt?

क्य प्स प्त त्स

4 Initialvokal-Zeichen – Lesen und transliterieren Sie diese Zeichen:

अ आ औ ए ऊ ई

0.3 *Die Anordnung der Laute bzw. Zeichen (akṣara)*

(a) Was bedeuten diese Begriffe? Finden Sie Beispiele.

Vokal, Konsonant Monophthong, Diphthong, Kurzvokal, Langvokal aspirierter, unaspirierter, stimmhafter, stimmloser, nasaler Konsonant Velar, Palatal, Retroflex, Dental, Labial Halbvokal, Sibilant, Hauchlaut

(b) Wieviele Laute der jeweiligen Klasse gibt es? Welche sind dies?

(c) Erläutern Sie die Anordnung der Devanāgarī-Zeichen.

a अ	ā आ	i इ	ī ई	u उ	ū ऊ	ṛ [ri] ऋ

e ए	ai ऐ	o ओ	au औ

ka क	kha ख	ga ग	gh घ	ṅa ङ
ca च	cha छ	ja ज	jha झ	ña ञ
ṭa ट	ṭha ठ	ḍa ड	ḍha ढ	ṇa ण
ta त	tha थ	da द	dha ध	na न
pa प	pha फ	ba ब	bha भ	ma म

ya य	ra र	la ल	va व

śa श	ṣa ष	sa स

ha ह

0.4 *Die Aussprache der Vokale*

(a) Sprechen Sie die Vokale aus. Finden Sie weitere Beispiele für die deutschen Entsprechungen.

a	[a]	Lehr**er**, Schül**er**, …
ā	[aː]	N**a**me, Z**ah**l
i	[ɩ]	b**i**n, **i**n
ī	[iː]	s**ie**, **ih**n
u	[ʊ]	**u**m, **u**ns
ū	[uː]	z**u**, g**u**t
ṛ	[rɩ]	**Ri**shi, K**ri**shna
e	[eː]	s**eh**en, l**e**sen
ai	[ɛː]	**äh**, **Ä**sop
o	[oː]	**oh**ne, L**oh**n
au	[ɔː]	**O**sten, h**o**ffen (aber doppelt lange!)

(b) Welche der Vokale hören Sie? Sprechen Sie nach.

au	o	u
e	ī	ai
ā	ai	a
…	…	…

(c) Welche der Laute hören Sie? Sprechen Sie nach.

ka	gha	ga
ki	ghī	khī
ji	jhī	cī
…	…	...

0.5 *Die Struktur der Grundzeichen*

(a) Worin gleichen sich diese Zeichen? Worin unterscheiden sie sich?

ब प थ ग क र

(b) Klassifizieren Sie die Grundzeichen (s. 0.3.c) nach graphischen Merkmalen – Zeile geschlossen oder offen? Stab oder Hals? Lage des Zeichenkerns? Form des Zeichenkerns? usw.

0.6 *Die Struktur der Vokal-Diakritika*

(a) Lesen und transliterieren Sie diese Zeichen.

क् का कि की कु कू कृ के कै को कौ

(b) Klassifizieren Sie die Vokal-Diakritika nach graphischen Merkmalen – Stab oder kein Stab? Lage des Zeichenkerns zum Grundzeichen? usw.

(c) Imitieren Sie die Lage der Zeichenkerns der Vokal-Diakritika, z.B. –

कि	i K	कु	K u
के	e K	को	K o

...

0.7 ***Grundzeichen und Vokaldiakritika***

(a) Lesen Sie die Akṣaras laut.

(b) Diktieren Sie Ihrem Partner Akṣaras und überprüfen Sie sie mit Hilfe der Tabelle.

	-	-a	-ā	-i	-ī	-u	-ū	-ṛ	-e	-ai	-o	-au
k-	क्	क	का	कि	की	कु	कू	कृ	के	कै	को	कौ
kh-	ख्	ख	खा	खि	खी	खु	खू	खृ	खे	खै	खो	खौ
g-	ग्	ग	गा	गि	गी	गु	गू	गृ	गे	गै	गो	गौ
gh-	घ्	घ	घा	घि	घी	घु	घू	घृ	घे	घै	घो	घौ
ṅ-	ङ्	ङ	ङा	ङि	ङी	ङु	ङू	ङृ	ङे	ङै	ङो	ङौ
c-	च्	च	चा	चि	ची	चु	चू	चृ	चे	चै	चो	चौ
ch-	छ्	छ	छा	छि	छी	छु	छू	छृ	छे	छै	छो	छौ
j-	ज्	ज	जा	जि	जी	जु	जू	जृ	जे	जै	जो	जौ
jh-	झ्	झ	झा	झि	झी	झु	झू	झृ	झे	झै	झो	झौ
ñ-	ञ्	ञ	ञा	ञि	ञी	ञु	ञू	ञृ	ञे	ञै	ञो	ञौ
ṭ-	ट्	ट	टा	टि	टी	टु	टू	टृ	टे	टै	टो	टौ
ṭh-	ठ्	ठ	ठा	ठि	ठी	ठु	ठू	ठृ	ठे	ठै	ठो	ठौ
ḍ-	ड्	ड	डा	डि	डी	डु	डू	डृ	डे	डै	डो	डौ
ḍh-	ढ्	ढ	ढा	ढि	ढी	ढु	ढू	ढृ	ढे	ढै	ढो	ढौ
ṇ-	ण्	ण	णा	णि	णी	णु	णू	णृ	णे	णै	णो	णौ

	-	-a	-ā	-i	-ī	-u	-ū	-ṛ	-e	-ai	-o	-au
t-	त्	त	ता	ति	ती	तु	तू	तृ	ते	तै	तो	तौ
th-	थ्	थ	था	थि	थी	थु	थू	थृ	थे	थै	थो	थौ
d-	द्	द	द	दि	दी	दु	दू	दृ	दे	दै	दो	दौ
dh-	ध्	ध	धा	धि	धी	धु	धू	धृ	धे	धै	धो	धौ
n-	न्	न	ना	नि	नी	नु	नू	नृ	ने	नै	नो	नौ
p-	प्	प	पा	पि	पी	पु	पू	पृ	पे	पै	पो	पौ
ph-	फ्	फ	फा	फि	फी	फु	फू	फृ	फे	फै	फो	फौ
b-	ब्	ब	बा	बि	बी	बु	बू	बृ	बे	बै	बो	बौ
bh-	भ्	भ	भा	भि	भी	भु	भू	भृ	भे	भै	भो	भौ
m-	म्	म	मा	मि	मी	मु	मू	मृ	मे	मै	मो	मौ
y-	य्	य	या	यि	यी	यु	यू	यृ	ये	यै	यो	यौ
r-	र्	र	रा	रि	री	रु	रू	रृ	रे	रै	रो	रौ
l-	ल्	ल	ला	लि	ली	लु	लू	लृ	ले	लै	लो	लौ
v-	व्	व	वा	वि	वी	वु	वू	वृ	वे	वै	वो	वौ
ś-	श्	श	शा	शि	शी	शु	शू	शृ	शे	शै	शो	शौ
ṣ-	ष्	ष	षा	षि	षी	षु	षू	षृ	षे	षै	षो	षौ
s-	स्	स	सा	सि	सी	सु	सू	सृ	से	सै	सो	सौ
h-	ह्	ह	हा	हि	ही	हु	हू	हृ	हे	है	हो	हौ

0.8 *Initiale und diakritische Vokalzeichen*

(a) Welche Vokalzeichen entsprechen einander? Lesen und vergleichen Sie die Silben.

कू	एक्
की	औक्
कौ	ईक्
के	ऊक्
क	इक्
कि	अक्

(b) Schreiben Sie weitere solche Silben.

0.9 *Namen* – Wie würden Sie Ihren Namen schreiben? Welche Laute kämen in Frage? Schlagen Sie eine Schreibung (transliteriert und im Original) vor und besprechen Sie Ihren Vorschlag an der Tafel. Welche Variante erscheint am stimmigsten?

Julia	yū-lī-ā	*oder*	yū-li-yā	*oder ...*
	यूलीआ		यूलिया	
Thomas	ṭhau-ma-s	*oder*	tho-mā-sa	*oder ...*
	ठौमस्		थोमास	

0.10 *Diktat* – Diktieren Sie Ihrem Partner Wörter aus 0.1. Überprüfen Sie dann die Schreibung.

0.11 ***Ortsnamen*** **– Nehmen Sie eine Landkarte und lesen Sie die Ortsnamen.**

(a) Folgen Sie der berühmten Straße, die vom Hindukusch nach Bengalen führt. Lesen und transliterieren Sie die Namen aller Städte auf dem Weg von Kabul (Kābul^{a}) nach Delhi (Dillī).

(b) Besuchen Sie mit ihrem Partner den Dalai Lama (Dalāī Lāmā) in Dharamsala (Dharm^{a}śālā). Fahren Sie in Delhi (Dillī) los und folgen Sie in etwa dieser Rute:

di-llī → pā-nī-pa-t^{a} → ku-ru-kṣe-tr^{a} → a-mbā-lā → rū-p^{a}-na-ga-r^{a} →

bi-lā-s^{a}-pu-r^{a} → maṃ-ḍī →pā-la-m^{a}-pu-r^{a} → dha-rm^{a}-śā-lā

(c) Arbeiten Sie in Reise-Gruppen. Ein Reiseleiter führt die Gruppe buchstabierend von einem Ausgangsort an ein Ziel, welches vorher nicht verraten wird. Wer verloren geht, ist beim nächsten Mal der Reiseleiter.

(d) Versuchen Sie, die folgenden Städtenamen in ihrer angloindischen Schreibweise zu lesen. Finden Sie sodann die Namen in der Nāgarī-Schrift und transliterieren Sie sie. Wie werden die Namen also ausgesprochen?

1) Lahore	2) Delhi	3) Meerut	4) Lucknow
5) Calcutta	6) Mangalore	7) Coorg	8) Trivandrum

क) कलकत्ता	ङ) लाहौर
ख) लखनऊ	च) मंगलूरु
ग) मेरठ	छ) कुडगु
घ) दिल्ली	ज) तिरुवनंतपुरम्

0.12 ***Aufschriften auf Bildern*** **– Finden Sie Bilder (z.B. mit Straßen- oder Laden-schildern) und lesen Sie.**

0.13 Weitere Zeichen

(a) *Repha (-r-)* – **Lesen und transliterieren Sie diese Begriffe.**

धर्म कर्म

(b) *Anusvāra (ṃ)* – **Lesen und transliterieren Sie erst die Nasalkonsonanten.**

ङ ञ ण न म

Lesen und transliterieren Sie dann diese Ortsnamen. Welchen Nasalkonsonanten stellt der Anusvāra jeweils dar? Transkribieren Sie dann die Namen; Schreiben Sie dabei die Nasalkonsonanten aus und tilgen Sie das stumme *a*.

गंगा पंजाब मंडी बंबई

(c) *Anunāsika (ṁ)* – **Lesen und transliterieren Sie, und üben Sie die Aussprache.**

मँ माँ मिं मीं मुँ मूँ मृँ में मैं मों मौं

Wann wird der Punkt (biṃdu) ohne Mond (caṃdra) geschrieben?

(d) *ṛa und ṛha* – **Lesen und transliterieren Sie, und üben Sie die Aussprache.**

ड-   ढ-   -ड़(-)   -ढ़(-)

Lesen und transliterieren Sie dann diese Ortsnamen, und üben Sie die Aussprache. Wann wird *ḍ* im Wortinneren bzw. am Wortende nicht zu *ṛ*?

कांगड़ा   चंडीगढ़   अलीगढ़

0.14 ***Zeichen in Lehnwörtern***

(a) *nuqtā* – **Lesen und transliterieren Sie diese Ortsnamen.**

फ़रीदाबाद   मुज़फ़्फ़रपुर   निज़ामाबाद   फ़िरोज़गढ़

(b) *visarga* – **Lesen und transliterieren Sie diese Begriffe.**

दुःख   अंतःकरण

(c) *å* – **Lesen und transliterieren Sie diese Wörter.**

कॉल   मॉल   कॉफ़ी

0.15 Lesen, schreiben und merken Sie sich alle Zeichen.

(a) Vokale – Initialzeichen

a अ	ā आ	i इ	ī ई	u उ	ū ऊ	ṛ [ri] ऋ

e ए	ai ऐ	o ओ	au औ

(b) Vokale – diakritische Zeichen

-	kā का	ki कि	kī की	ku कु	kū कू	kṛ [ri] कृ

ke के	kai कै	ko को	kau कौ

(c) Konsonanten

ka क	kha ख	ga ग	gh घ	ṅa ङ
ca च	cha छ	ja ज	jha झ	ña ञ
ṭa ट	ṭha ठ	ḍa ड	ḍha ढ	ṇa ण
ta त	tha थ	da द	dha ध	na न
pa प	pha फ	ba ब	bha भ	ma म

ya य	ra र	la ल	va व

śa श	ṣa ष	sa स

ha ह

(d) Zusatzzeichen

kaṃ कं	kaṁ कँ	kaḥ कः	k क्	rka र्क

(e) Weitere Zeichen

ṛa ड़	ṛha ढ़	*qa* क़	*xa* ख़	*g̲a* ग़	za ज़	fa फ़	å ऑ

अध्याय

Lektionen

1 पहला अध्याय

1.1 Die Personalpronomen und das Existenzverb

(a) ***Wer sind Sie?* – Stellen Sie sich vor.**

आपका नाम क्या है ? → मेरा नाम ... है ।

(b) **Was bedeuten diese Wörter?**

मैं	आप	कौन ?	यह	वह

(c) **Unterhalten Sie sich. Fragen Sie auch nach den anderen Kursteilnehmern.**

आप कौन हैं ? — मैं ... हूँ।
यह कौन है ? — यह ... है।
और वह कौन है ? — वह ... है।

वे लोग कौन हैं ? — वे लोग ... हैं।
आप लोग कौन हैं ? — हम लोग ... हैं।
अच्छा। मिलते हैं ! — ठीक है !

आप कौन हैं ? → *मैं ...*

...

(d) **Bestimmen Sie die Personalpronomen und das Existenzverb.**

(e) **Fragen für Gespräche**

- आप कौन हैं ?
- यह कौन है ? वह कौन है ?

1.2 Bilden Sie Sätze. In welchen Kontexten könnten Sie diese verwenden?

(a) *Namen*

♀	स्वाति	प्रियंका	कीर्ति
♂	राहुल	ऋतेश	जितेंद्र

1. यह, स्वाति — *यह स्वाति है।*
   वह, प्रियंका — *वह प्रियंका है।*
   मैं, कीर्ति, नहीं — ...
   हम, राहुल और ऋतेश
   ...

2. आप, जितेंद्र ? — *क्या आप जितेंद्र हैं ?*
   वे, स्वाति और प्रियंका ? — ...
   वह, राहुल ?
   ...

3. आप, जितेंद्र — *क्या आप जितेंद्र हैं ?*
   वह, राहुल — *– जी हाँ, मैं जितेंद्र हूँ।*
   वे, स्वाति और ऋतेश
   ...

4. स्वाति, कीर्ति — *क्या आप स्वाति हैं ?*
   राहुल, प्रियंका — *– जी नहीं, मैं कीर्ति हूँ।*
   ऋतेश, जितेंद्र
   ...

5. आप, राहुल — *आप कौन हैं ?*
वह, कीर्ति — *– मैं राहुल हूँ।*
वे, प्रियंका और स्वाति
आप लोग, ऋतेश और जितेंद्र
...

(b) ***Orte***

यहाँ	वहाँ	भारत में	दिल्ली में	शिमला में
जयपुर में	लखनऊ में	बनारस में		

1. हम, यहाँ — *हम यहाँ हैं।*
आप लोग, वहाँ
वह, दिल्ली में
वे लोग, जयपुर में, नहीं
...

2. अभी, आप, यहाँ — *अभी आप कहाँ हैं ?*
आज, वह, वहाँ — *– अभी मैं यहाँ हूँ।*
अभी, वे लोग, भारत में
आज, वह, दिल्ली में, नहीं
...

1.3 ***Vipul, Kaushik und Vidyum in Deutschland***

(a) Lesen Sie.

यह विपुल है।

विपुल अभी यूरोप में है।

यूरोप में कहाँ ?

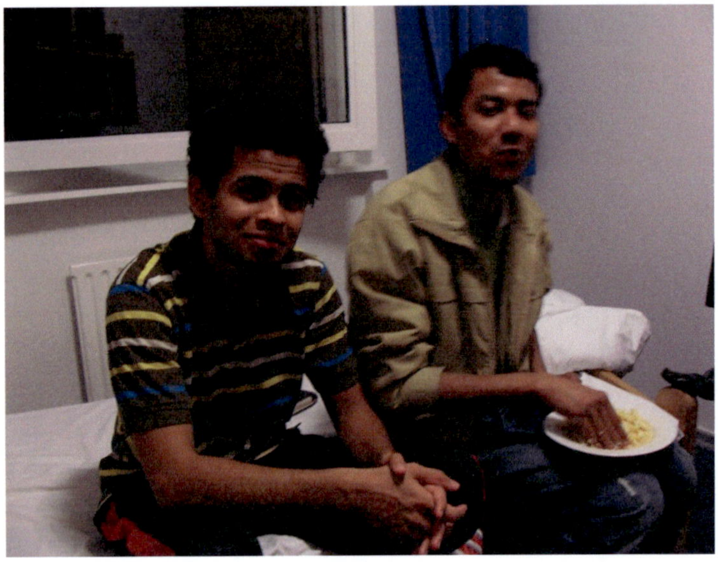

ये कौशिक और विद्युम हैं।

वे दोनों जर्मनी में हैं।

अभी वे बर्लिन में हैं।

(b) ***Wie würden die Leute von sich sprechen?* – Formulieren Sie die Texte um.**

(c) **Antworten Sie auf die Fragen.**

1. क्या विपुल अभी भारत में है ?
2. विपुल अभी कहाँ है ?
3. क्या कौशिक और विद्युम अभी भारत में हैं ?
4. वे दोनों अभी कहाँ हैं ?

1.4 *Pronomen (Nähe und Ferne) – Wer ist das hier? Und wer ist das da?*

(a) Ergänzen Sie die Tabelle.

	Nähe	Ferne
Sg.		वह
Pl.	ये	

(b) Wie werden diese Pronomen übersetzt? Es gibt mehrere Möglichkeiten.

1. यह ______________________
2. वह ______________________
3. ये ______________________
4. वे ______________________

(c) Schreiben Sie Antworten und lesen Sie den Dialog.

1. यह कौन है ? – (हरीश) *यह हरीश है ।*
2. वह कौन है ? – (हर्ष)
3. और वह कौन है ? – (ज़रीना)
5. और वे लोग कौन हैं ? – (दिव्या और रवीना)
5. और वे कौन हैं ? – (अध्यापक)

(d) ***Wer sind die anderen Kursteilnehmer?*** **– Unterhalten Sie sich mit Ihrem Nachbarn. Verwenden Sie यह bzw. वह für Kursteilnehmer, die von Ihnen aus betrachtet** ***näher da*** **bzw.** ***weiter weg*** **sind.**

यह कौन है ? → *यह ...*

और वह कौन है ?

1.5 Honorifikation

(a) Was bedeuten diese Wörter?

Kind, Ehemann, Freund, Teeverkäufer, Vater, Gott, Bruder, Ehefrau, Mutter, Dozent

1. माँ	6. भाई
2. पिताजी	7. दोस्त
3. बच्चा	8. अध्यापक
4. पति	9. चायवाला
5. पत्नी	10. भगवान्

(b) Welche Pronomen könnten Sie verwenden, wenn Sie mit diesen oder über diese Personen sprechen? Es gibt mehrere Möglichkeiten.

तू – वह   तुम – वह   आप – वे

1.6 Partikel

(a) Wie kann man diese Pronomen übersetzen?

तुम – तुम लोग	आप – आप लोग	हम – हम लोग

(b) ***Stromausfall... Wo seid ihr?*** **– Setzen Sie die richtigen Pronomen ein. Es gibt mehrere Möglichkeiten.**

1. हरीश, क्या ______ यहाँ हो ? – हाँ, मैं यहाँ हूँ !
2. दिव्या और रवीना, ______ कहाँ हो ? – यहाँ !
3. प्रमोद जी, ______ कहाँ हैं ? – यहाँ !
4. ज़रीना, क्या ______ भी यहाँ हो ? – नहीं, मैं इधर हूँ !
5. राहुल और सचिन ? ______ कहाँ हो ? – यहाँ !
6. क्या ______ सब क्लास में हैं ? – पता नहीं ...

1.7 *Sich vorstellen*

(a) Wie lauten die Verbformen? Ergänzen und lesen Sie den Dialog.

1. आप कौन ______ ? → मैं प्रियंका ______ ।
2. यह कौन ______ ? → यह ऋतेश ______ ।
3. वह कौन ______ ? → वह कीर्ती ______ ।
4. और वे कौन ______ ? → वे प्रमोद जी ______ ।

(b) Verbinden Sie Fragen und Antworten.

आपका नाम क्या है ?	नहीं, हम शादी-शुदा नहीं हैं ।
आपका पूरा नाम क्या है ?	मेरा पूरा नाम राहुल कुमार है ।
क्या आपका नाम करिश्मा है ?	जी हाँ, मेरा नाम करिश्मा है ।
क्या आप लोग शादी-शुदा हैं ?	मेरा नाम राहुल है ।

(c) Ordnen Sie die Wörter und schreiben Sie Sätze.

1. है – क्या – आपका – नाम ?
2. नाम – मेरा – है – राहुल ।
3. हैं – शादी-शुदा – क्या – आप ?
4. नहीं – मैं – हूँ – शादी-शुदा – नहीं ।
5. वे – हैं – से – लोग – कहाँ ?
6. हैं – से – वे – दिल्ली – लोग ।

(d) ***Wer kommt woher? Wer ist verheiratet? usw.*** **– Unterhalten Sie sich mit Ihrem Nachbarn über sich selbst und die anderen Kursteilnehmer.**

(e) ***Spiel*** **– Stellen Sie sich vor, eine berühmte Persönlichkeit zu sein. Lassen Sie die anderen Kursteilnehmer raten, wer Sie sind.**

क्या आपका नाम राम है ? → *नहीं, मेरा नाम राम नहीं है,*
मेरा नाम मैक्स मूलर है ।

1.8 *Wo sind wir?*

(a) Lesen Sie diese Wörter. Was bedeuten sie? Ordnen Sie sie sinnvoll an.

क्लास	विश्व	[Stadt]	[Land]	विश्वविद्यालय

(b) Schreiben Sie die Antworten und lesen Sie.

1. हम कहाँ हैं ? → *हम क्लास में हैं।*
2. क्लास कहाँ है ?
3. विश्वविद्यालय कहाँ है ?
4. [Stadt] कहाँ है ?
5. [Land] कहाँ है ?

1.9 Wie lauten die Zahlen von 1-10?

पाँच	आठ	दो	दस	छह	चार	सात	एक	तीन	नौ

1 .... 6 ....

2 .... 7 ....

3 .... 8 ....

4 .... 9 ....

5 .... 10 ....

1.10 *Aussprache*

(a) Hören Sie die Laute und sprechen Sie nach.

1. ग घ क
2. च छ झ
3. गि गी गृ
4. चे चै जे

(b) Üben Sie die Aspiration.

1. ग ह घ
2. ति हि थि
3. का हा खा
4. जे हे झे

1.11 Fragen für Gespräche

आपका नाम क्या है ?

आपका पूरा नाम क्या है ?

क्या आप शादी-शुदा हैं ?

आप कहाँ से हैं ?

क्या आपके भाई-बहन हैं ?

2 दूसरा अध्याय

2.1 Die Substantive im Singular und Plural

(a) ***Was bezeichnet dieses Wort?* – Sprechen Sie miteinander.**

"मेज़" मतलब ? → *"मेज़" यह है !*

"कुर्सी" मतलब ? → *वह "कुर्सी" है !*

(b) ***Was gibt es im Unterrichtsraum alles?* – Lesen Sie diese Wörter. Was bezeichnen sie?**

मेज़
कुर्सी

किताब
कागज़
बैग

खिड़की
दरवाज़ा
दीवार
लाइट
बोर्ड

लड़का / लड़की
आदमी / औरत
छात्र / छात्रा
अध्यापक / अध्यापिका

(c) **Unterhalten Sie sich.**

यह क्या है ? → *यह मेज़ है ।*

वह क्या है ? → *वह कुर्सी है ।*

मेज़ मतलब क्या ? → *मेज़ मतलब Tisch ।*

(d) *Wieviele Tische gibt es hier?* – **Bilden Sie Sätze und unterhalten Sie sich.**

कितनी ?	कितने ?
मेज़ें	दरवाज़े
कुर्सियाँ	कागज़
खिड़कियाँ	बैग
दीवारें	लोग

यहाँ कितनी … हैं ?
→ *एक, दो, तीन …*
बहुत-सारी …

यहाँ कितने … हैं ?
→ *एक, दो, तीन …*
बहुत-सारे …

(e) **Wie bildet und verwendet man den Plural bei Substantiven?**

(f) **Sprechen Sie miteinander.**

क्लासरूम में क्या-क्या है ? → *क्लासरूम में … है / हैं ।*

2.2 *Im Unterrichtsraum* – **Bilden Sie Sätze. In welchen Kontexten könnten Sie diese verwenden?**

कुर्सी	मेज़	किताब	बैग	लड़का	लड़की

1. एक, मेज़ *एक मेज़ है ।*
बहुत-सारी, कुर्सी
पाँच, मेज़ और दस, कुर्सी
दो, लड़के
…

2. कुर्सी, दस
बैग, आठ
किताब, बहुत-सारे
...

वहाँ कितनी कुर्सियाँ हैं ?
– दस कुर्सियाँ हैं ।

2.3 ***In unserem Unterrichtsraum***

(a) Lesen Sie die Frage und unterhalten Sie sich:

यहाँ क्या-क्या है ?

(b) Lesen Sie.

क्लासरूम में

क्लासरूम में पाँच मेज़ें हैं ।
और दस कुर्सियाँ हैं । एक बोर्ड भी है ।
एक दरवाज़ा है और चार खिड़कियाँ हैं ।
एक अध्यापिका है ।
और हम छह छात्र हैं ।

(c) Beantworten Sie die Fragen.

1. कितने छात्र हैं ?
3. कितनी मेज़ें हैं ?
2. कितनी कुर्सियाँ हैं ?
4. कितनी खिड़कियाँ हैं ?

(d) Analysieren Sie die Sätze. Unterscheiden Sie Existenz- von Kopulasätzen.

(e) Übersetzen Sie den Text.

2.4 *Im Unterrichtsraum*

(a) In welcher Reihenfolge stehen diese Wörter im Wörterbuch?

मेज़, कुर्सी, किताब, कागज़, कॉपी, खिड़की, दीवार, फ़र्श

(b) Bringen Sie die Akṣaras in die richtige Reihenfolge.

(र्सी, कु) (ज़, मे) (ता, कि, ब)

(वा, द, ज़ा, र) (ड़, की, खि) (इ, ला, ट)

(ई, बो) (त्रा, छा) (ध्या, प, क, अ)

(c) Was bedeuten die Wörter in (b)? Bilden Sie den Plural auf Hindi und Deutsch.

कुर्सी	Stuhl	कुर्सियाँ	Stühle

...

(d) Wie lauten die Formen des Prädikats?

1. कमरे में मेज़ें ______ ।
2. कुर्सियाँ भी ______ ।
3. एक दरवाज़ा ______ ।
4. चार दीवारें ______ ।
5. पाँच लड़कियाँ ______ ।
6. एक लड़का ______ ।

(e) Übersetzen Sie ins Hindi.

1. Das ist ein Unterrichtsraum. 2. Es gibt viele Stühle. 3. Es gibt viele Tische. 4. Das hier ist eine Tür. 5. Das dort ist ein Fenster. 6. Es gibt zwei weitere Fenster. 7. Es gibt viele Bücher. 8. Und es gibt auch viele Zettel.

(f) **Schauen Sie sich um und antworten Sie auf die Fragen.**

एक, दो, तीन, चार, पाँच, ..., बहुत

1. कितनी खिड़कियाँ हैं ?
2. कितनी कुर्सियाँ हैं ?
3. कितनी मेज़ें हैं ?
4. कितनी किताबें हैं ?
5. कितने कागज़ हैं ?
6. कितने कलम हैं ?
7. कितने विद्यार्थी हैं ?
8. कौन-कौन हैं ?

(g) **Erklären Sie Ihrem Nachbarn, was es im Unterrichtsraum alles gibt.**

2.5 ***Aussprache* – Hören Sie die Laute und sprechen Sie nach.**

(a) **Üben Sie die Aspiration.**

1. क ह ख
2. टे हे ठे
3. दु हु धु
4. गी ही घी

(b) **Üben Sie die Retroflexion.**

1. ट ठ थ
2. ढ ध द
3. रा ड़ा ढ़ा
4. नी णी ड़ी

(c) Üben Sie die Unterscheidung zwischen kurzen und langen Vokalen.

1. ग गा गो
2. सि सी से
3. दु दू दौ
4. ह हे है

(d) Üben Sie die Unterscheidung zwischen oralen und nasalen Vokalen.

1. मु मू मुँ मूँ
2. का के काँ कें
3. रि री रीं रें
4. ले लें लो लों

2.6 Fragen für Gespräche

यह क्या है ?

क्लासरूम में क्या-क्या है ?

3 तीसरा अध्याय

3.1 Possessivpronomen

(a) ***Was ist auf deinem Tisch?* – Unterhalten Sie sich.**

आपकी मेज़ पर क्या-क्या है ?

यह क्या है ?

(b) **Was bezeichnen diese Wörter?**

किताब $^{f.}$ कागज़ $^{m.}$ मोबाइल $^{m.}$ बोतल $^{f.}$ बैग $^{m.}$

(c) ***Wem gehören diese Dinge? Ihr Buch, sein Stift, …* – Unterhalten Sie sich.**

यह किसकी किताब है ? → *यह मेरी …*

क्या यह आपका बैग है ?

यह क्या उसके कागज़ हैं ?

…

किसका ?	मेरा	आपका	उसका
किसके ?	मेरे	आपके	उसके
किसकी ?	मेरी	आपकी	उसकी

(d) **Wie beugt und verwendet man die Possessivpronomen?**

(e) **Fragen für Gespräche**

- आपका सामान कौन-सा है ?
- यह सामान किसका है ?

3.2 Bilden Sie Sätze. In welchen Kontexten könnten Sie diese verwenden?

(a) *Unsere Sachen*

मोबाइल	पुस्तक	कागज़	कॉपी	क़लम

1. पुस्तक
   क़लम
   कॉपियाँ
   ...

   यह क्या है ?
   – यह पुस्तक है।

2. मोबाइल, वह
   पुस्तकें, वे
   कॉपियाँ, मैं
   ...

   यह किसका मोबाइल है ?
   – यह उसका मोबाइल है।

(b) *Familie und Freunde*

माँ	पिता	भाई	बहन	दोस्त	सहेली

1. माँ, मैं
   भाई, वह
   ...

   यह कौन है ?
   – यह मेरी माँ हैं।

2. बहन, एक
   भाई, दो
   ...

   घर में कौन-कौन हैं ?
   – एक बहन है।...

3.3 *Im Studentenwohnheim*

(a) Lesen Sie diese Wörter. Was bedeuten sie?

होस्टल	कमरा	पलंग	कुर्सी	मेज़	कपड़े	सामान

(b) ***Amit erzählt.*** **– Lesen Sie.**

होस्टल में हमारा कमरा

यह हमारा कमरा है।
यह मेरा पलंग है। वहाँ कुर्सी और मेज़ है।
यह मेरा बैग है और वहाँ मेरे कपड़े हैं।

यह हरीश है। यह उसका पलंग है।
और यह सब उसका सामान है।

(c) Antworten Sie.

1. कमरा कहाँ है ?
2. वहाँ क्या-क्या है ?

(d) Bestimmen Sie alle Satzglieder.

(e) Übersetzen Sie dann den Text.

(f) Bringen Sie ein Bild von ihrem Zimmer mit und erzählen Sie.

3.4 *Mein Name ist …*

(a) ***Ich? Mein Name …*** **– Ergänzen und übersetzen Sie.**

मैं ich	*मेरा नाम* mein Name
आप	______________
कौन ?	______________
यह	______________
वह	______________
वे	______________

(b) ***Wie ist Ihr Name? …*** **– Ergänzen Sie die Possessivpronomen.**

1. (आप) ______________ नाम क्या है ?
   → (मैं) ______________ नाम अमित है।
2. (आप) ______________ कौन हैं ?
   → (मैं) ______________ हरीश हूँ।
3. और (वह) ______________ नाम क्या है ?
   → (वह) ______________ नाम राहुल है।

(c) ***Wie ist ihr Name? Und sein Name?*** **– Unterhalten Sie sich.**

आपका नाम क्या है ? → *मेरा नाम … है।*

उसका नाम क्या है ? → *उसका नाम … है।*

किसका नाम … है ? → *उसका नाम … है।*

3.5 *Im Unterrichtsraum*

(a) Schreiben Sie die Wörter in die richtige Spalte und übersetzen Sie.

किताबें	कागज़	कॉपियाँ	स्मार्टफ़ोन
चाबी	बोतल	सामान	बैग

मेरा	मेरे	मेरी
मेरा ...	*मेरे ...*	*मेरी किताबें* meine Bücher

(b) Verwenden Sie andere Pronomen als मेरा und übersetzen Sie.

किसका ?	हमारा	उसका	तुम्हारा

किसकी किताबें ? wessen Bücher?

(c) *Spiel (I) – Wem gehört das ?* – Verbinden Sie Fragen und Antworten.

क्या यह तुम्हारी किताब है ?	नहीं, यह मेरा पेन है।
क्या यह उसका पेन है ?	ये कॉपियाँ भी मेरी हैं।
ये किसकी कॉपियाँ हैं ?	हाँ, यह मेरी किताब है।
ये किसके कागज़ हैं ?	यह भी उसकी है।
और यह पेंसिल किसकी है ?	ये उसके कागज़ हैं।

(d) *Spiel (II)* – Legen Sie Ihre Sachen alle auf einen Haufen, und finden Sie heraus, wem was gehört.

क्या यह आपका स्मार्टफ़ोन है ? ... ये मेरी चाबियाँ हैं। ...

यह किसका सामान है ? ...

3.6 *Mein Zimmer*

(a) In welche Reihenfolge stehen diese Wörter im Wörterbuch?

मेज़, पलंग, चाबी, अलमारी, कपड़े, जूते, जुर्राबें

(b) Bringen Sie die Akṣaras in die richtige Reihenfolge.

(ल, री, मा, अ) (ड़े, प, क) (र, ट, स्वे)

(बी, चा) (स्त, पु, कें) (न, र्ट, फ़ो, स्मा)

(र्रा, बें, जु) (ते, जू) (ग, बै)

(c) Was bedeuten diese Wörter? Bilden Sie den Plural auf Hindi und Deutsch.

अलमारी	Schrank	अलमारियाँ	Schränke

...

(d) Wie lauten die Formen der Possessivpronomen?

1. यह (मैं) ________ रूममेट है।
   और यह (हम) ________ कमरा है।
2. यह (मैं) ________ पलंग है।
   और वह (वह) ________ पलंग है।
3. ये कपड़े (मैं) ________ हैं।
   ये किताबें (वह) ________ हैं।
4. यहाँ (मैं) ________ सामान है।
   और वहाँ (वह) ________ सामान है।

(e) Übersetzung

1. Das ist meine Mitbewohnerin. 2. Das ist unser Zimmer. 3. Das hier ist mein Tisch. 4. Das da ist ihr Tisch. 5. Das hier sind meine Bücher. 6. Und das dort sind ihre Bücher. 7. Das hier ist mein Schrank. 8. Das da ist ihr Schrank. 9. Hier sind meine Klamotten. 10. Dort sind ihre Sachen.

(f) *Wie sieht Ihr Zimmer aus?* – Bringen Sie ein Foto mit und erzählen Sie.

3.7 *Fotos mit Familie und Freunden*

(a) Lesen Sie die Fragen und unterhalten Sie sich.

- घर में कौन-कौन हैं ?
- आपके कितने भाई-बहन हैं ? – *एक बहन है, दो भाई हैं ।*

(b) Was bedeuten diese Wörter?

माँ	पिता	दादा	दादी	भाई	बहन
रिश्तेदार	दोस्त	सहेली	पड़ोसी		

(c) *Das ist meine Mutter.* – Ergänzen Sie die Formen.

1. ये (मैं) ———— माँ हैं ।
2. और ये (मैं) ———— पिताजी हैं ।
3. ये (हम) ———— कुछ रिश्तेदार हैं ।
4. और यह (मैं) ———— एक दोस्त है ।

(d) Ergänzen Sie die Formen des Existenzverbs.

1. यह कौन ———— ? यह मेरे दादाजी ———— ।
2. और यह कौन ———— ? यह तो मैं ———— ।
3. अच्छा, और यह कौन ———— ? यह मेरी बहन ———— ।
4. यह क्या ———— ? यह हमारा घर ———— ।

(e) *Wer ist das? Und was ist das?* – Bringen Sie ein Foto mit und erzählen Sie.

3.8 *Die Zahlen von 10 bis 20*

(a) Was bedeuten diese Zahlen?

दस	बीस	उन्नीस	चौदह	सोलह	
तेरह	ग्यारह	बारह	अठारह	पंद्रह	सत्रह

(b) *10 + 1 = 11* – Rechnen Sie.

एक + दस ____________ 11

दो + दस ____________ 12

तीन + दस ____________ 13

चार + दस ____________ 14

पाँच + दस ____________ 15

*एक **जमा** दस ग्यारह*

(c) *20 - 4 = 16* – Rechnen Sie.

बीस - चार ____________ 16

बीस - तीन ____________ 17

बीस - दो ____________ 18

बीस - एक ____________ 19

दस + दस ____________ 20

*बीस **घटा** चार सोलह*

4 चौथा अध्याय

4.1 Die progressive Verbalkonstruktion

(a) *Was machen wir gerade?* – **Unterhalten Sie sich.**

हम क्या कर रहे हैं ?

(b) **Was bedeuten diese Verben?**

पढ़ना	लिखना	सुनना	सोचना	बोलना

(c) *Wir machen gerade …* – **Bilden Sie Sätze.**

(d) **Wie bildet und verwendet man progressive Verbalkonstruktionen?**

(e) *Und Sie? Und er?* – **Unterhalten Sie sich.**

आप क्या कर रहे हैं ? → *मैं सुन रहा हूँ।*

आप क्या कर रहे हैं ? → *मैं बोल रही हूँ।*

वह क्या कर रही है ? → *वह …*

4.2 Bilden Sie Sätze. In welchen Kontexten könnten Sie diese verwenden?

(a) *Im Unterricht*

सुनना	पढ़ना	सोचना	लिखना
हिंदी पढ़ना	सवाल पूछना	जवाब देना	

1. हम, हिंदी पढ़ना — *हम हिंदी पढ़ रहे हैं।*
   वह, सुनना
   मैं, लिखना
   …

2. आप, सुनना — *आप क्या कर रहे हैं ?*
   वह, लिखना — *– मैं सुन रहा हूँ।*
   सचिन, सोचना
   …

(b) *Beim Einkaufen*

सब्ज़ी खरीदना	दूध लेना	पनीर लेना
आम खरीदना	मसाले देखना	चाय पीना

लोग, सब्ज़ी खरीदना — *लोग सब्ज़ी खरीद रहे हैं।*
मैं, दूध लेना
वह, चाय पीना
…

4.3 *Auf dem Markt*

(a) Lesen Sie diese Wörter. Was bedeuten sie?

बाज़ार	रविवार	भीड़	केले	सब्ज़ियाँ	मसाले	अंडे

(b) Lesen Sie den Text.

बाज़ार में

आज रविवार है। हम बाज़ार जा रहे हैं। बाज़ार में बहुत लोग हैं। काफ़ी भीड़ है।

एक आदमी केले बेच रहा है। एक औरत सब्ज़ियाँ बेच रही है। दूसरी औरत मसाले बेच रही है।

एक औरत मसाले खरीद रही है। एक लड़का दूध और अंडे ले रहा है। लोग सामान ले रहे हैं।

(c) Beantworten Sie die Fragen.

1. आज कौन-सा दिन है ? → *आज रविवार है।*
2. हम कहाँ जा रहे हैं ?
3. क्या बाज़ार में भीड़ है ?
4. कौन केले बेच रहा है ?
5. पहली औरत क्या बेच रही है ?
6. दूसरी औरत क्या बेच रही है ?
7. बाज़ार में लोग क्या कर रहे हैं ?

(d) Bestimmen Sie alle Prädikate und Subjekte.

(e) Übersetzen Sie den Text.

4.4 ***Freizeitbeschäftigungen***

(a) Verbinden Sie die Substantive mit den passenden Verben.

किताबें	*सुनना*
टी.वी.	*खाना*
रेडियो	*पीना*
चाय	*पढ़ना*
समोसे	*देखना*

(b) Stellen Sie sich vor, sie tun das gerade. Wie würden Sie das sagen?

हम किताबें पढ़ रहे हैं। ...

(c) Wie lauten die Verbalkonstruktionen im Progressiv? Übersetzen Sie.

1. खाना (1. Sg. m.) 2. पीना (3. Sg. m.) 3. देखना (2. Pl. f.)

4. सुनना (3. Pl. f.) 5. पढ़ना (1. Sg. f.) 6. लिखना (2. Pl.. m.)

(d) ***Amrita macht das auch ...*** **– Bilden Sie Sätze nach dem Muster.**

1. अमित चाय पी रहा है। 2. अमित रेडियो सुन रहा है।

3. अमित बिस्कुट खा रहा है। 4. अमित अखबार पढ़ रहा है।

5. अमित टी.वी. देख रहा है। 6. अमित आराम कर रहा है।

1. अमृता भी चाय पी रही है। ...

4.5 *Im Unterricht – Wir lernen gerade Hindi.*

(a) In welcher Reihenfolge stehen diese Verben in einem Wörterbuch?

देखना, सुनना, पढ़ना, सोचना, लिखना, समझना, बोलना

(b) Bringen Sie die Akṣaras in die richtige Reihenfolge.

(न, सु, ना) (ना, च, सो) (झा, स, ना, म)

(ढ़, ना, प) (लि, ना, ख) (ना, ख, सी)

(c) Was bedeuten diese Verben? Bilden Sie die 1. Pl. m. im Progressiv und übersetzen Sie.

सुनना zuhören → *हम सुन रहे हैं* wir hören gerade zu

...

(d) Wie lauten die Verbalkonstruktionen im Progressiv?

1. अभी हम हिंदी (पढ़ना) ______ ______ ______ ।
2. हम (पढ़ना) ______ भी ______ ______ ,
3. और (लिखना) ______ भी ______ ______ ।
4. हम (सुनना) ______ भी ______ ______ ,
5. और (बोलना) ______ भी ______ ______ ।
6. इस तरह हम हिंदी (सीखना) ______ ______ ______ ।

(e) Übersetzen Sie.

1. Wir sind im Unterrichtsraum. 2. Wir lernen gerade Hindi. 3. Manche Leute sprechen gerade. 4. Manche Leute hören gerade zu. 5. Manche Leute lesen gerade. 6. Manche Leute schreiben gerade. 7. Unser Dozent erklärt gerade etwas. 8. Wir denken gerade. 9. Wir lernen gerade.

(f) Wie lauten die Verbalkonstruktionen im Progressiv?

1. आप क्या (करना) ______ ______ ______ ?

→ मैं f. (पढ़ना) ______ ______ ______ ।

2. वह m. क्या (करना) ______ ______ ______ ?

→ वह भी (पढ़ना) ______ ______ ______ ।

3. क्या वह f. (बोलना) ______ ______ ______ ?

→ नहीं, वह (बोल) ______ नहीं ______ ______ ,

वह (सुनना) ______ ______ ______ ।

4. और हमारे अध्यापक क्या (करना) ______ ______ ______ ?

→ वे हिंदी (पढ़ाना) ______ ______ ______ ।

(g) Bringen Sie die Wörter in die richtige Reihenfolge.

1. हिंदी – पढ़ रहे हैं – हम ।
2. वह – देख रहा है – किताब ।
3. कुछ – वह – लिख रही है ।
4. मैं – पूछ रहा हूँ – सवाल ।
5. दे रहे हो – जवाब – तुम ।
6. हिंदी – सिखा रहे हैं – हमारे अध्यापक ।

(h) Gehen Sie zu zweit ans Fenster und erzählen Sie Ihrem Partner, der nicht aus dem Fenster schaut, was draußen gerade passiert.

(i) Fragen für Gespräche

- आप अभी (क्लास में) क्या कर रहे हैं ?
- आपके सहपाठी अभी क्या कर रहे हैं ?
- बाहर लोग क्या कर रहे हैं ?

4.6 *In der Stadt unterwegs*

(a) ***Was macht man, wenn man in einer Stadt unterwegs ist?* – Sammeln Sie Verben im Infinitiv.**

चलना, ...

(b) **Wie lauten die Verbalkonstruktionen im Progressiv?**

गली में

1. कुछ लोग पैदल (चलना) ______ ______ ______ ।
2. कुछ लोग मोटर साइकिल पर (जाना) ______ ______ ______ ।
3. ठेलेवाले और दुकानदार कुछ (बेचना) ______ ______ ______ ।
4. लोग सामान (खरीदना) ______ ______ ______ ।
5. कुछ मज़दूर चाय (पीना) ______ ______ ______ ।
6. और एक गाड़ी (आना) ______ ______ ______ ।

(c) ***Was sehen Sie auf dem Bild?* – Erzählen Sie.**

(d) **Bilden Sie Verbalkonstruktionen im Progressiv.**

1. आज सुबह बाज़ार में कम लोग हैं।
2. एक लड़का तेज़ (चलना) ______ ______ ______ ।
3. एक आदमी साइकिल (चलाना) ______ ______ ______ ।
4. बच्चे स्कूल (जाना) ______ ______ ______ ।
5. एक आदमी अंडे (बेचना) ______ ______ ______ ।
6. दूसरा आदमी नमकीन (बेचना) ______ ______ ______ ।
7. अभी कोई कुछ नहीं (खरीदना) ______ ______ ______ ।

(e) **Beantworten Sie die Fragen.**

1. क्या आज बाज़ार में भीड़ है ? 2. पहला आदमी क्या बेच रहा है ? 3. दूसरा आदमी क्या बेच रहा है ? 4. साइकिल कौन चला रहा है ? 5. क्या बच्चे घर जा रहे हैं ?

(f) **Stellen Sie sich eine Szene in der Stadt vor. Ihr Partner soll diese Szene zeichnen. Beschreiben Sie ihm oder ihr, was gerade passiert.**

4.7 ***10, 20, 30, ...***

अस्सी	दस	पचास	बीस	साठ
चालीस	सत्तर	सौ	तीस	नब्बे

10 ______ 60 ______

20 ______ 70 ______

30 ______ 80 ______

40 ______ 90 ______

50 ______ 100 ______

5 पाँचवाँ अध्याय

5.1 Der Obliquus und die Postpositionen

(a) ***Was ist in Ihrem Rucksack?* – Unterhalten Sie sich.**

आपके बैग में क्या-क्या है ? → *मेरे बैग में ...*

(b) **Was bezeichnen diese Wörter?**

बैग	पर्स	चाबी	खाना	बोतल	कुर्सी	लोग

(c) ***Was ist hier im Raum / auf dem Tisch / in der Tasche?* – Unterhalten Sie sich.**

बैग **में** क्या-क्या है ?
बैग **में** *पर्स, चाबियाँ, खाना, ...* है / हैं।

मेज़ **पर** क्या-क्या है ?
मेज़ **पर** *बोतल, किताबें, कॉपियाँ ...* है / हैं।

कमरे **में** क्या-क्या है ?
कमरे **में** *लोग, कुर्सियाँ, बैग, ...* है / हैं ।

(d) **Wie verwendet man Postpositionen?**

(e) **Lesen Sie die Frage und sprechen Sie miteinander.**

आपका सामान कहाँ है ?

5.2 Bilden Sie Sätze. In welchen Kontexten könnten Sie diese verwenden?

(a) ***Im Unterrichtsraum***

बैग (में)	बोतल (में)	मेज़ (पर)	कुर्सी (पर)	कमरा (में)

1. बैग, मैं — *मेरे बैग में*
   मेज़, आप
   बोतल, वह
   कुर्सियाँ, हम
   ...

2. बैग — *यह किसका बैग है ? – यह मेरा बैग है।*
   मेज़ — *आपके बैग में क्या है ? – मेरे बैग में ... है।*
   ...

(b) ***Zu Hause***

बिस्तर (पर)	मेज़ (पर)	कुर्सी (पर)	अलमारी (में)

1. बिस्तर, यह — *इस बिस्तर पर*
   मेज़, वह
   कुर्सियाँ, ये
   अलमारी, यह
   ...

2. बिस्तर — *बिस्तर पर बहुत सामान है।*

कुर्सी

मेज़, नहीं

अलमारी

...

(c) ***Im Haus***

कमरा (में)	बैठक (में)	रसोई (में)
बरामदा (में)	आँगन (में)	छत (पर)

रसोई, मेरी दादी — *मेरी दादी रसोई में हैं।*

बैठक, मेरा भाई

कमरा, मेरी माँ

छत पर, कोई, नहीं

आँगन में, बाक़ी लोग

...

(d) **Im Wohnzimmer ist ein Fernseher.**

टी.वी.	पंखा	घड़ी	फ़्रिज	कालीन	कुर्सी

बैठक, टी.वी. — *बैठक में टी.वी. है।*

कमरा, पंखा

रसोई, फ़्रिज

बैठक, घड़ी

...

5.3 *Im Studentenwohnheim*

(a) ***Was sehen Sie auf dem Bild?* – Erzählen Sie.**

(b) **Wo sind diese Sachen?**

पलंग	तकिया	रज़ाई	बोतल	पंखा	तौलिया	ब्रश

(c) **Lesen Sie.**

होस्टल में

कमरे में दो पलंग हैं। दोनों पलंगों पर तकिए, रज़ाई और कपड़े हैं। फ़र्श पर एक बोतल है। ऊपर एक पंखा भी है।

कमरे में एक अलमारी है। अलमारी में बहुत सामान है। आगे एक कुर्सी है। कुर्सी पर तौलिया है। साथ में एक मेज़ भी है। मेज़ पर कंप्यूटर, क़ाग़ज़-कॉपियाँ वग़ैरह हैं। एक ब्रश भी है। पीछे खिड़की है। और बाहर धूप है।

(d) Beantworten Sie die Fragen.

1. कमरे में क्या-क्या है ? → *कमरे में दो पलंग हैं, ...*
2. तकिए कहाँ हैं ?
3. बोतल कहाँ है ?
4. अलमारी में क्या है ?
5. कुर्सी पर क्या है ?
6. ब्रश कहाँ है ?
7. क्या बाहर अभी अँधेरा है ?

(e) Bestimmen Sie alle Syntagmen im Obliquus (mit oder ohne Postposition).

(f) Übersetzen Sie den Text.

5.4 *Wo im Haus sind diese Sachen?*

(a) ***Was ist das?*** **– Bringen Sie die Akṣaras in die richtige Reihenfolge. Was bedeuten diese Wörter?**

(र, घ) (रा, म, क) (क, ठ, बै) (सो, ई, र) (ढ़ि, याँ, सी) (त, छ)

(b) ***Wo?*** **– Wählen Sie passende Postpositionen, bilden Sie Konstruktionen im Singular und Plural und übersetzen Sie.**

घर में im Haus	घरों में in den Häusern

(c) ***Wo ist der Schlüssel?* – Ergänzen Sie die Lücken.**

1. चाबी कहाँ है ? क्या वह (मेज़, पर) ____________ है ? – नहीं ।
2. क्या वह (कुर्सी, पर) ____________ है ? – नहीं है ।
3. क्या वह (गाड़ी, में) ____________ है ? – नहीं ।
4. क्या वह (कपड़े, में) ____________ है ? – नहीं है ।
5. क्या वह (अलमारी, में) ____________ है ? – नहीं ।
6. क्या वह (फ़्रिज, में) ____________ है ? – नहीं है ।
7. क्या वह (जेब, में) ____________ है ? – हाँ, है !

(d) ***Im Zimmer* – Übersetzen Sie.**

1. Die Schlüssel sind auf dem Tisch. 2. Der Pullover ist auf dem Stuhl. 3. Der Sari ist im Schrank. 4. Der Rucksack ist auf dem Boden. 5. Die Bücher sind auf dem Tisch. 6. Der Stift ist auf den Büchern. 7. Die Schuhe sind auf dem Boden. 8. Die Sandalen sind im Schrank. 9. Das Papier ist auf dem Tisch. 10. Der Gecko ist an der Wand.

(e) ***Was geht im Hause vor?* – Bilden Sie Sätze.**

बैठक	(में)	दीदी – खाना बनाना
रसोई	(में)	माताजी – चाय पीना
बरामदा	(में)	बच्चे – खेलना
आँगन	(में)	भैया – अख़बार पढ़ना
छत	(पर)	मेहमान – टी.वी. देखना

बैठक में मेहमान टी.वी देख रहे हैं ।

...

(f) ***In der Küche* – Übersetzen Sie.**

1. Das Öl, die Gewürze, das Mehl und der Reis sind im Schrank. 2. Auf dem Tisch ist eine Zeitung und eine Wasserflasche. 3. Die Schlüssel sind in einer Dose auf dem Tisch. 4. Auf dem Stuhl sind Briefe. 5. Es gibt Gardinen. 6. Und an der Wand ist ein Bild.

(g) ***Was sehen Sie auf dem Bild?*** **– Erzählen Sie.**

(h) **Wo sind diese Sachen?**

टी.वी.	मूर्ति	घड़ी	तस्वीर	पर्दा	फ़्रिज	कालीन

(i) **Ergänzen Sie die Lücken.**

1. (तस्वीर, में) ________________ क्या है ?
2. (तस्वीर, में) ________________ एक कमरा है।
3. (कमरा, में) ________________ एक फ़्रिज है।
4. साथ में टी.वी. है। (वह, पर) ________________ मूर्ति है।
5. (दीवार, पर) ________________ एक घड़ी है। तस्वीरें भी हैं।
6. (खिड़कियाँ, पर) ________________ एक पर्दा है।
7. और (फ़र्श, पर) ________________ एक कालीन है।

(j) Beantworten Sie diese Fragen:

1. तस्वीर में क्या है ? 2. दीवार पर क्या है ?
3. क्या मूर्ति फ्रिज पर है ? 4. क्या कमरे में लोग दिख रहे हैं ?

(k) Fragen für Gespräche

- आपके घर में क्या-क्या है ? कितने कमरे हैं ? कमरों में क्या-क्या है ?
- आपके कमरे में क्या-क्या है ?

(l) *Zu Hause* – Bringen Sie ein Bild mit und erzählen Sie.

5.5 *Die Zahlen von 20 bis 30*

(a) Was bedeuten diese Zahlen?

बीस	चौबीस	तेईस	बाईस	अट्ठाईस	तीस
उनतीस	सत्ताईस	इक्कीस	छब्बीस	पच्चीस	

20 ______ 24 ______ 28 ______
21 ______ 25 ______ 29 ______
22 ______ 26 ______ 30 ______
23 ______ 27 ______

(b) *2, 12, 22* – Welche Zahlen gehören zusammen?

दो	तेरह	*बाईस*
तीन	चौदह	तेईस
चार	*बारह*	चौबीस
नौ	बीस	उनतीस
दस	उन्नीस	तीस

6 छठा अध्याय

6.1 Der Genitiv

(a) ***Wie heißt die Hauptstadt von Deutschland?***

जर्मनी की राजधानी क्या है ?

(b) **Was bedeuten diese Wörter?**

राजधानी	प्रधान मंत्री	प्रदेश	भाषा	राष्ट्रीय खेल

(c) ***Indien*** **– Beantworten Sie die Fragen.**

भारत

1. भारत की राजधानी क्या है ?
2. भारत के प्रधान मंत्री कौन हैं ?
3. भारत के कुछ प्रदेशों के नाम बताइए।
4. भारत की कुछ भाषाओं के नाम बताइए।
5. भारत का राष्ट्रीय खेल क्या है ?

(d) **Wie bildet und verwendet man den Genitiv?**

(e) **Fragen für Gespräche**

- आपके देश की राजधानी क्या है ?
  – और ... की राजधानी क्या है ?
- आपके देश के प्रमुख कौन हैं ?
  – और ... के प्रमुख कौन हैं ?
- आपके देश का राष्ट्रीय खेल क्या है ?
  – और ... का राष्ट्रीय खेल क्या है ?

6.2 **Bilden Sie Sätze. In welchen Kontexten könnten Sie diese verwenden?**

(a) ***Gegenstände***

किताब	मोबाइल	चाबी	घड़ी	टोपी	चप्पलें	जूते

1.	किताब, राहुल घड़ी, दिव्या जूते, मैं मोबाइल, मेरा भाई ...	*राहुल की किताब*
2.	घड़ी, मेरी बहन मोबाइल, मेरा दोस्त चप्पलें, उसकी सहेली जूते, उसका भाई, नहीं ...	*यह मेरी बहन की घड़ी है।*
3.	किताब, दिव्या घड़ी, सचिन टोपी, स्वाति चाबियाँ, मैं ...	*यह किसकी किताब है ?* *– यह दिव्या की किताब है।*

(b) ***Indien***

राजधानी	मुख्य मंत्री	लोग	भाषाएँ	नदियाँ

राजधानी, राजस्थान	*राजस्थान की राजधानी*
मुख्य मंत्री, यू.पी.	
भाषाएँ, बिहार	
लोग, झाड़खंड	
...	

(c) ***Indiens Geographie***

पंजाब	यू.पी.	बंगाल	असम	राजस्थान	...
उड़ीसा	महाराष्ट्र	गोआ	कर्नाटक	तमिलनाडु	...

1.	उत्तर, राजस्थान	*राजस्थान के उत्तर में क्या है ?*
	दक्षिण, गोआ	*– राजस्थान के उत्तर में ... है ।*
	पश्चिम, बंगाल	*पंजाब कहाँ है ?*
	पूर्व, यू.पी.	*– पंजाब ... के उत्तर में है ।*
	...	

2.	पंजाब, पूर्वी	*क्या पंजाब पूर्वी भारत में है ?*
	यू.पी., दक्षिण	*– नहीं ।*
	तमिल नाडु, उत्तर	*पंजाब भारत में कहाँ है ?*
	गुजरात, पश्चिम	*– उत्तर भारत में ।*
	...	

6.3 ***Bihar***

(a) **Suchen Sie Bihar auf einer Landkarte. Welche Bundesstaaten und Länder grenzen wo an?**

बिहार भारत में कहाँ है ?

(b) **Lesen Sie den Text.**

बिहार

बिहार उत्तर भारत में एक प्रदेश है। इसकी राजधानी पटना है। पटना पूर्वी भारत का एक बड़ा शहर है।

बिहार के उत्तर में नेपाल है। बंगाल इसके पूर्व में है। पश्चिम में यू.पी. यानी उत्तर प्रदेश है और दक्षिण में झारखंड है।

बिहार की क्षेत्रीय भाषाएँ भोजपुरी, मगही और मैथिली हैं। बिहार की मुख्य भाषा हिंदी है।

(c) **Beantworten Sie die Fragen.**

1. बिहार किस देश का राज्य है ?
2. क्या बिहार भारत के उत्तर में है ?
3. बिहार की राजधानी का नाम क्या है ?
4. बिहार के चारों ओर कौन-से देश या प्रदेश हैं ?
5. बिहार की क्षेत्रीय भाषाएँ कौन-सी हैं ?
6. बिहार की मुख्य भाषा कौन-सी है ?

(d) **Bestimmen Sie in jedem Satz das Prädikat und das Subjekt. Bestimmen Sie alle Attribute.**

(e) **Übersetzen Sie dann den Text.**

6.4 *Im Studentenwohnheim*

(a) Ergänzen Sie die Tabelle.

	Maskulinum		Femininum	
	Singular	Plural	Singular	Plural
Rektus	मेरा			
Obliquus			मेरी	

(b) Übersetzen Sie.

1. mein Zimmer ______________________
2. meine Zimmer ______________________
3. in meinem Zimmer ______________________
4. in meinen Zimmern ______________________

5. mein Schrank ______________________
6. meine Schränke ______________________
7. in meinem Schrank ______________________
8. in meinen Schränken ______________________

(c) Verwenden Sie weitere Attribute und übersetzen Sie.

आपका	उसका	उसके दोस्त का	...

आपका कमरा, आपके कमरे, ...

(d) *In diesem Zimmer* – **Bilden und übersetzen Sie die richtigen Syntagmen.**

	यह	वह	ये	वे
कमरा (में)	*इस कमरे में*			
मेज़ (पर)				
कुर्सी (पर)				
अलमारी (में)				

(e) *Im Studentenwohnheim* – **Bilden Sie Sätze.**

1. यह – कौन – कमरा – है ?
2. यह – हम – कमरा – है।
3. यह – मैं – पलंग – है।
4. वह – मैं – रूममेट – पलंग – है।
5. यह – अलमारी – में – मैं – सामान – है।
6. वह – अलमारी – में – मैं – रूममेट – सामान – है।

6.5 ***Zu Hause***

(a) *Palindrom* – **Was bedeutet dieser Ausdruck?**

तेजूकेपापाकेजूते

(b) *Das ist nicht das Zimmer von meiner Schwester!* – **Bilden Sie Sätze.**

1. (कमरा – बहन / मैं) 2. (बैग – मैं / भाई)
3. (घड़ी – मैं / बहन) 4. (कंगन – बहन / माँ)
5. (चश्मा – भाई / बहन) 6. (गाड़ी – भाई / पिताजी)

1. यह कमरा मेरी बहन का नहीं, मेरा है।

(c) ***Im Haus und drum herum* – Übersetzen Sie.**

1. Das ist unser Viertel. 2. Hier ist unser Haus. 3. Das ist unser Gästewohnzimmer. 4. Das ist unser Fernseher. 5. Das ist das Zimmer von meinem Bruder. 6. Das ist das Zimmer von unserem Mieter. 7. Das ist der Freund von unserem Mieter. 8. Das ist die Dachterrasse von unserem Haus. 9. Dort sind die Türme von der Moschee. 10. Das ist die Stimme des Gebetsrufs. 11. Das sind die Ziegen von unserem Nachbarn.

(d) ***Zu Hause* – Bilden Sie Sätze und verwenden Sie sie in Gesprächen.**

कमरे	खिड़कियाँ	दरवाज़े	कुर्सियाँ	मेज़ें

- आपके घर या अपार्टमेंट में कितने कमरे हैं ?
- आपके माँ-बाप के घर में कितने कमरे हैं ?
- आपके दोस्त के घर में कितने कमरे हैं ?
- आपके दोस्त के माँ-बाप के घर में कितने कमरे हैं ?

(e) ***Im Wohnzimmer* – Bilden Sie Sätze und verwenden Sie sie in Gesprächen.**

आप	आपके माँ-बाप	आपका दोस्त	आपके दोस्त के माँ-बाप

- आपके घर की बैठक में कितनी कुर्सियाँ हैं ?
- आपके घर की बैठक की मेज़ पर क्या-क्या है ?

(f) **Bringen Sie ein Bild von Ihrem Haus, Ihrem Zimmer, Ihrer Küche o. Ä. mit und erzählen Sie.**

6.6 ***Im Unterrichtsraum* – Fragen für Gespräche**

- आपकी मेज़ पर क्या-क्या है ?
- आपके सहपाठी की मेज़ पर क्या-क्या है ?
- आपके बैग में क्या-क्या है ?
- आपके सहपाठी के बैग में क्या-क्या है ?

6.7 ***Die Länder Indiens und andere Länder auf der Welt***

(a) ***Himachal* – Ergänzen Sie die richtigen Postpositionen.**

हिमाचल प्रदेश

हिमाचल प्रदेश उत्तर भारत ______ है।

हिमाचल ______ उत्तर ______ जम्मू और कश्मीर है।

हिमाचल ______ पूर्व ______ तिब्बत है।

हिमाचल ______ पश्चिम ______ पंजाब है।

हिमाचल ______ राजधानी शिमला है।

(b) **Stellen Sie Fragen und antworten Sie.**

1. हिमाचल भारत में कहाँ है ?
2. हिमाचल के उत्तर, पूर्व, पश्चिम और दक्षिण में क्या है ?
3. हिमाचल की राजधानी क्या है ?

(c) **Nehmen Sie eine Landkarte und sprechen Sie über Bundesländer und Länder.**

दिल्ली पंजाब यू.पी. राजस्थान महाराष्ट्र ...

नेपाल भूटान पाकिस्तान श्रीलंका चीन ...

6.8 ***Aggregatszahlen* – Welche Zahlen gehören zusammen?**

दो	*तीनों*	पाँच	*आठों*
तीन	*चारों*	आठ	*दसों*
चार	*दोनों*	दस	*पाँचों*

7 सातवाँ अध्याय

7.1 Imperativ

(a) ***Im Unterricht*** **– Was bedeuten diese Verben?**

आना	बैठना	पढ़ना	बताना

(b) ***Komm Sie! Setzen Sie sich!*** **– Formulieren Sie Aufforderungen.**

	अभी	बाद में
आप	*आइए !*	
तुम		
तू		

(c) **Wie bildet und verwendet man den Imperativ?**

(d) **Fordern Sie Ihren Partner auf etwas zu tun oder kommen Sie den Aufforderungen Ihres Partners nach. Welche Respektstufe erscheint Ihnen angebracht?**

7.2 Bilden Sie Sätze. In welchen Kontexten könnten Sie diese verwenden?

(a) ***Im Unterricht***

आना बैठना पढ़ना लिखना बताना
सवाल पूछना जवाब देना बात करना

आना (आप, अभी) *आइए !*

बताना (तुम, कभी)

जवाब देना (आप, अभी)

बात करना (तुम, अभी)

...

(b) ***Beim Einkaufen***

आम सेब टमाटर आटा नमक
दूध दही पानी की बोतल साबुन

1. आम, वहाँ से *आम वहाँ से खरीदो !*

सेब, बाज़ार से

आटा, दुकान से, मत

...

2. दही, वहाँ से *दही वहाँ से लाना !*

दूध, बाज़ार से, मत

नमक, बाज़ार से

...

7.3 *Aufforderungen im Unterricht*

(a) Was bedeuten diese Ausdrücke?

अब	एक बार फिर से	दोबारा	आराम से	बढ़िया

(b) Lesen Sie die Aufforderungen.

हिंदी की कक्षा में

आप आइए ! बैठिए !

बताइए, आप कैसे हैं ?

अब अपनी किताबें निकालिए और पढ़िए !

एक बार फिर से बोलिए !

आराम से बोलिए !

दोबारा बताइए !

बहुत बढ़िया !

(c) Analysieren Sie diese Sätze. Übersetzen Sie sie wörtlich und idiomatisch.

(d) In welchen Zusammenhängen könnten Sie diese Sätze verwenden?

7.4 Imperativformen

(a) Welche Verben passen zusammen?

आना	सुनना
देखना	लिखना
लेना	पीना
पढ़ना	देना
खाना	जाना

(b) Konjugieren Sie diese Verben im Imperativ und übersetzen Sie sie.

	अभी	बाद में
आप	*आइए !* Kommen Sie!	
तुम		
तू		

(c) In welchen Zusammenhängen könnten Sie diese Aufforderungen verwenden?

7.5 *Im Unterricht*

(a) Was bedeuten diese Wörter?

किताब	अध्याय	पाठ	अभ्यास
भाग	वाक्य	पन्ना	पृष्ठ संख्या

(b) ***Ordinalzahlen*** **– Welche Zahlen gehören zusammen?**

एक	*दूसरा*	छह	*नवाँ*
दो	*तीसरा*	सात	*छठा*
तीन	*पहला*	आठ	*सातवाँ*
चार	*पाँचवाँ*	नौ	*दसवाँ*
पाँच	*चौथा*	दस	*आठवाँ*

(c) Übersetzen Sie die folgenden Ausdrücke

1. das erste Buch, 2. die erste Lektion, 3. die zweite Lektion, 4. die siebte Lektion, 5. die fünfte Aufgabe, 6. der dritte Teil, 7. der siebte Satz;

(d) Wie lautet der Imperativ der Gegenwart?

1. आप अपनी किताबें (निकालना) ____________ !
2. किताब में सातवें पाठ पर (जाना) ____________ !
3. किताब में पृष्ठ संख्या 80 पर (जाना) ____________ !
4. बाईं तरफ़ वाले पन्ने को (देखना) ____________ !
5. पाँचवें अभ्यास को (पढ़ना) ____________ !
6. अब आपस में बातें (करना) ____________ !
7. बाक़ी अभ्यास बाद में घर पर (करना) ____________ !

7.6 *Zu Hause und in der Stadt*

(a) Welche Wörter gehören zusammen?

झाड़ू	बनाना
सब्ज़ी	लगाना
खाना	साफ़ करना
बर्तन	करना
कपड़े	काटना
आराम	धोना

(b) Bilden Sie mit diesen Wörtern Dialoge nach dem Muster:

स्वाति *मैं अभी झाड़ू लगा रही हूँ।*

राहुल *झाड़ू मत लगाओ। अभी बाज़ार चलते हैं!*

(c) Übersetzen Sie (Imperativ Gegenwart II).

1. Fahr langsam! 2. Halt das Motorrad hier an! 3. Steig ab! 4. Kauf Gemüse! 5. Wie spät ist es? («Sag die Zeit!») 6. Hol Joghurt! 7. Beeile dich («Handle mit Eile!») 8. Moment! («Gut, hör!») 9. Hol auch Panir! 10. Fahr jetzt weiter!

(d) *Wer könnte was gesagt haben?* – Ordnen Sie die Sätze in (c) Swati oder Rahul zu.

(e) Finden Sie die Sätze und übersetzen Sie sie.

अभीझाड़ूमतलगाओकपड़ेबादमेंधोनाअभीआरामकरो

8 आठवाँ अध्याय

8.1 Verbalintensivierung

(a) *Kommen Sie!* – Sie können Aufforderungen unterschiedlich ausdrücken. Welche Aufforderungen bedeuten jeweils dasselbe?

आइए !	पढ़ लीजिए !
बैठिए !	सुन लीजिए !
पढ़िए !	बता दीजिए !
सुनिए !	आ जाइए !
बताइए !	बैठ जाइए !

(b) Wie bildet und verwendet man intensivierte Verbalkonstruktionen?

8.2 Bilden Sie Sätze. In welchen Kontexten könnten Sie diese verwenden?

(a) *Aufforderungen*

आना (जा)	बैठना (जा)	पूछना (ले)
बताना (दे)	आराम करना (ले)	वहाँ जाना (चले जाना!)

आना (आप, अभी) *आ जाइए !*

बैठना (तुम, कभी)

पूछना (आप, कभी)

...

(b) ***Beim Essen***

खाना खाना (ले)	शुरू करना (ले)	रोटी लेना (ले)
चावल लेना (ले)	पानी पीना (ले)	दाल लेना (ले)
सब्ज़ी लेना (ले)	अचार भी लेना (ले)	

1. खाना खाना (आप, अभी) — *खाना खा लीजिए !*
   शुरू करना (तुम, अभी)
   ...

2. खाना खाना (तुम) — *जल्दी मत करो,*
   दाल लेना (आप) — *पहले खाना खा लो !*
   ...

3. खाना खाना (तुम) — *तुम आराम से खाना खा लो !*
   पानी लेना (आप)
   ...

(c) ***In einem Laden***

यह दिखाना (दे)	इसका दाम बताना (दे)	यह वापस रखना (ले)
कुछ और दिखाना (दे)	इसका सही दाम लगाना (ले)	

भैया, यह दिखाना (तुम) — *भैया, (ज़रा) यह दिखा दो !*
भाई, यह वापस रखना (तू)
सुनिए, कुछ और दिखाना (आप)
...

8.3 ***Beim Einkaufen***

(a) **Lesen Sie den Dialog.**

किराने की दुकान पर

ग्राहक	भैया, पाँच किलो चावल देना।
दुकानदार	कौन-से चावल ?
ग्रा.	कौन-से कौन-से हैं ?
दु.	बासमती 100 रुपए किलो, देसी 40 रुपए किलो, …
ग्रा.	बासमती पाँच किलो दे देना !
दु.	और बताइए ?
ग्रा.	हींग की एक डिब्बी भी दे देना। ज़्यादा पुरानी मत देना !
दु.	यह लीजिए। और कुछ ?
ग्रा.	बस, इतना ही। इनके पैसे बता देना !

(b) **Antworten Sie auf diese Fragen.**

1. यह वार्तालाप कहाँ हो रहा है ?
2. कौन किससे बात कर रहा है ?
3. क्या बासमती चावल 100 रुपए किलो है ?
4. ग्राहक क्या-क्या खरीद रहा है ?

(c) **Bestimmen Sie die Verbalkonstruktionen und erklären Sie ihre Verwendung.**

(d) **Übersetzen Sie den Text wörtlich und idiomatisch und vergleichen Sie die Übersetzungen.**

8.4 Intensivierte Verbalkonstruktionen

(a) Intensivieren Sie die folgenden Verben:

आना बैठना बताना सुनना देखना सोचना

जा ले दे

आना – आ जाना

(b) Finden Sie die intensivierten Verbalkonstruktionen. Bilden Sie dann die einfachen Formen und übersetzen Sie.

सोचलीजिएबतादीजिएदेखलोसुनलोदेदेनालेलेना

सोच लीजिए ! – सोचिए ! Denken Sie nach!

(c) Bilden Sie die negierten Formen.

सोच लीजिए ! – मत सोचिए ! Denken Sie nicht (darüber) nach!

(d) Welche Verben gehören zusammen? Bilden Sie den intensivierten Infinitiv und übersetzen Sie.

आना	बेचना
देखना	बताना
पूछना	दिखाना
लेना	जाना
खरीदना	देना

आना – आ जाना kommen

8.5 *Gäste*

(a) Was bedeuten diese Verben?

आना	उतारना	बैठना (2x)	लेना (9x)	चखना

(b) Ergänzen Sie die fehlenden Verben im intensivierten Imperativ Präsens in der Respektstufe III.

मेहमान-नवाज़ी

1. आप ______ !
2. आप जूते ______ !
3. आराम से ______ !
4. पानी ______ !
5. नमकीन ______ !
6. चाय भी ______ !

दावत

1. सोफ़े पर आराम से ______ !
2. चावल ______ !
3. दाल भी ______ !
4. यह रोटी भी ______ !
5. भिंडी की सब्ज़ी ______ !
6. रायता भी ______ !
7. एक रोटी और ______ !
8. लहसुन का अचार भी ______ !

(c) Finden Sie die Verbalkonstruktionen. Bestimmen und übersetzen Sie sie.

आजाओउतारदोबैठजाओलेलोचखलो

(d) Ergänzen Sie Verbalkonstruktionen. Es gibt mehrere Möglichkeiten. Worin könnten die Unterschiede liegen?

लो – ले लो	लीजिए – ले लीजिए

1. तुम यह रोटी ______ !
2. यह रोटी ______ !
3. यह रोटी ______ !
4. यह रोटी भी ______ !

8.6 ***Wo kann man die Studiengebühr einzahlen?***

(a) Was bedeuten diese Verben?

जाना (2x)	आना	पूछना	मिलना	कराना

(b) Ergänzen Sie die fehlenden Verben im einfachen Imperativ Präsens in der III. Respektstufe.

1. कुलसचिव के दफ़्तर ______________ !
2. रास्ता किसी से ______________ !
3. रजिस्ट्रार जी से ______________ ।
4. फिर वहाँ काउंटर पर ______________ !
5. वहाँ फ़ीस जमा ______________ !
6. फिर जल्दी वापस ______________ !

(c) Formulieren Sie diese Sätze um, indem Sie die Verbalkonstruktionen intensivieren. Was verändert sich dadurch?

1. कुलसचिव के दफ़्तर चले जाइए !

(d) Vergleichen Sie die beiden Texte. Wo könnte die einfache Konstruktion passen und wo die intensivierte?

बैठिए – बैठ जाइए

1. रजिस्ट्रार जी अपने कमरे में हैं। आप रुकिए, वहाँ ______________ ! मैं अभी बुला रहा हूँ।
2. आप खड़े मत रहिए, आराम से ______________ ! रजिस्ट्रार जी अभी आ रहे हैं।

9 नवाँ अध्याय

9.1 Präsens

(a) ***Was machen Sie am Tag so?* – Unterhalten Sie sich.**

आप दिन-भर क्या-क्या करते हैं ?

(b) ***Tagesablauf* – Was bedeuten die folgenden Wörter und Wendungen?**

उठना	नहाना	तैयार होना	नाश्ता करना	घर से निकलना
काम करना	घर लौटना	खाना खाना	टी.वी. देखना	सोना

(c) ***Was machen wir jeden Tag?* – Bilden Sie Sätze.**

हर दिन

हम उठते हैं।

फिर ...

उसके बाद ...

तब ...

(d) **Wie bildet und verwendet man das Präsens?**

(e) Erzählen Sie, was Sie den ganzen Tag so machen.

आप दिन-भर क्या-क्या करते हैं ?

सुबह...
दिन में...
दोपहर में...
शाम को...
रात को...

मैं सुबह उठती हूँ। फिर ...

9.2 Bilden Sie Sätze. In welchen Kontexten könnten Sie diese verwenden?

(a) *Morgens*

उठना	चाय पीना	हाथ-मुँह धोना	ब्रश करना
कपड़े पहनना	तैयार होना	खाना खाना	

1. उठना, हम — *हम (अभी) उठ रहे हैं।*
ब्रश करना, मैं
चाय पीना, वह
...

2. उठना, वह — *वह (सुबह जल्दी) उठता है।*
तैयार होना, वे लोग
चाय पीना, सब
...

(b) ***Um sieben Uhr***

7.00 (सात बजे)	8.00 (आठ बजे)	9.00 (नौ बजे)
6.45 (पौने सात बजे)	7.15 (सवा सात बजे)	7.30 (साढ़े सात)

आप, 7.00 — *आप कितने बजे उठते हैं ?*

वह, 6.45 — *– मैं सात बजे उठती हूँ।*

...

(c) ***Abends***

जॉगिंग पर जाना	घर का सामान लाना	खाना पकाना	
गाने सुनना	गेम खेलना	टी.वी. देखना	आराम करना

1. मैं, जॉगिंग पर जाना — *मैं (रोज़ शाम को) जॉगिंग पर जाता हूँ।*

   ...

2. हम, जॉगिंग पर जाना — *हम (आज) जॉगिंग पर जाना चाहते हैं।*

   ...

(d) ***Was macht man wo?***

रसोई में / खाना बनाना	हॉल में / टी.वी देखना	
बाथरूम में / नहाना	छत पर / धूप सेंकना	...

1. (लोग) — *रसोई में खाना बनाते हैं।*
2. कोई — *रसोई में कोई खाना बना रहा है।*

9.3 ***Deepaks Tag***

(a) **Lesen Sie.**

दीपक का दिन

दीपक सुबह सात बजे उठता है। फिर वह जल्दी नहाता है और कपड़े पहनता है। फिर वह खाना खाता है।
उसके बाद वह घर से निकलता है और बस से विश्वविद्यालय जाता है। वहाँ वह सारा दिन पढ़ाई करता है।
शाम को साढ़े छह बजे वह घर लौटता है। वह अपने माँ-बाप से बातें करता है और आराम करता है। नौ बजे वे खाना खाते हैं। फिर वे साथ-साथ टी.वी. देखते हैं।

(b) ***Was würde Deepak selbst sagen?*** **– Formulieren Sie den Text um.**

(c) **Antworten Sie auf die Fragen.**

1. दीपक कब उठता है ?
2. उसके बाद वह क्या करता है ?
3. क्या वह साइकिल से विश्वविद्यालय जाता है ?
4. विश्वविद्यालय में वह सारा दिन क्या करता है ?
5. शाम को कितने बजे वह घर लौटता है ?
6. फिर वह क्या-क्या करता है ?

(d) **Bestimmen Sie in jedem Satz das Prädikat und das Subjekt. Übersetzen Sie dann den Text.**

9.4 *Im Laufe des Tages*

(a) Lesen Sie die Frage und sprechen Sie miteinander:

आप दिन-भर क्या-क्या करते हैं ?

(b) In welcher Reihenfolge stehen diese Verben im Wörterbuch?

उठना   नहाना   खाना   पढ़ना   सोना   जागना

(c) Bilden Sie mit den Verben in (b) Sätze nach dem Muster:

1. राहुल, उठ जाओ ! 2. राहुल अभी उठ रहा है ।
3. राहुल रोज़ देर से उठता है । 4. राहुल जल्दी उठना चाहता है ।
5. राहुल समय पर उठ जाता है ।

(d) ½, ¼, 1,5, 2,5, …

सवा	साढ़े	पौने	एक	डेढ़	दो	ढाई	तीन

1 ______	1 + ½ ______
2 ______	2 + ½ ______
+ ½ ______	3 + ½ ______
+ ¼ ______	3 + ¼ ______
- ¼ ______	3 - ¼ ______

(e) *Wie spät ist es?* – Übersetzen Sie.

1. Wie spät ist es jetzt? – 2. Es ist neun / viertel nach neun / halb zehn / viertel vor zehn / zehn. – 3. um zehn Uhr vormittags / nachts, um sechs Uhr morgens / abends – 4. Es ist eins / halb zwei / zwei / halb drei. – 5. Jetzt ist es genau 9.21 Uhr / 10.28 Uhr.

(f) ***Das macht Rahul.*** **– Ergänzen Sie die Verbalkonstruktionen im Präsens.**

होना करना उठना निकलना

1. राहुल सवेरे साढ़े छह बजे ________________ ।
2. राहुल सवा आठ बजे तक तैयार ________________ ।
3. राहुल साढ़े आठ बजे तक नाश्ता ________________ ।
4. राहुल पौने नौ बजे घर से ________________ ।

(g) ***Was Rahul macht, das macht Priya auch.*** **– Bilden Sie Sätze nach dem Muster.**

1. राहुल सवेरे साढ़े छह बजे उठता है ।
   प्रिया भी सवेरे साढ़े छह बजे उठती है ।

(h) **Bringen Sie die Wörter in die richtige Reihenfolge.**

1. सात बजे – बजता है – सवेरे – अलार्म ।
2. उठता हूँ – मैं – तब ।
3. और – फिर – कपड़े – मैं – पहनता हूँ – नहाता हूँ ।
4. मेरी – चाय – बनाती हैं – नाश्ता – और – माँ ।
5. और – फिर – चाय – नाश्ता – पीता हूँ – करता हूँ – मैं ।
6. निकलता हूँ – मैं – घर से – साढ़े आठ बजे ।
7. काम – करता हूँ – दिन भर – मैं ।

(i) **Übersetzen Sie.**

1. Morgens steht sie um sechs Uhr auf. 2. Dann macht sie Tee. 3. Dann trinkt sie Tee. 4. Um sieben Uhr duscht sie. 5. Dann zieht sie sich an. 6. Um acht Uhr verlässt sie das Haus. 7. Sie nimmt den Bus. 8. Sie fährt zur Universität. 9. Dort studiert sie den ganzen Tag. 10. Abends um fünf Uhr kommt sie wieder nach Hause.

(j) ***Was machen Sie den ganzen Tag?*** **– Erzählen Sie.**

9.5 ***Wir lernen Hindi.***

(a) **Lesen Sie die Frage und sprechen Sie miteinander:**

आप हिंदी की क्लास में क्या-क्या करते हैं ?

(b) **Bilden und übersetzen Sie Verbalkonstruktionen im Präsens.**

1. सुनना (1. Pl. m.) 2. पढ़ना (3. Sg. f.) 3. लिखना (3. Sg. m.)

4. देखना (1. Sg. f.) 5. दिखाना (3. Pl. m.) 6. सीखना (1. Pl. m.)

(c) **Welche Ausdrücke gehören zusammen?**

अपनी कॉपियों में	आइए और लिखिए !
अपनी कॉपियाँ	लिखिए !
बोर्ड पर	बताइए !
यह हिंदी में	दिखाइए !

(d) **Bilden Sie Verbalkonstruktionen im Präsens.**

1. हम हिंदी (पढ़ना) ______________ ।
2. हम क्लास में हिंदी में बात (करना) ______________
3. और अपनी कॉपियों में हिंदी में (लिखना) ______________ ।
4. कभी कभी हम बोर्ड पर भी (लिखना) ______________ ।
5. हम हिंदी फ़िल्में (देखता) ______________
6. और हिंदी गाने भी (सुनता) ______________ ।

(e) **Finden Sie die Verbalkonstruktionen, bestimmen und übersetzen Sie sie.**

देखरहेहैंदेखतेहैंदेखलेतेहैंसुनरहेहोसुनतेहोसुनलेतेहो

(f) ***Was machen Sie, um Hindi zu lernen?*** **– Erzählen Sie.**

9.6 ***Wo im Hause macht man was?***

(a) **Lesen Sie die Frage und sprechen Sie miteinander:**

आप घर पर क्या-क्या करते हैं ?

(b) **Was bedeuten diese Ausdrücke?**

खाना बनाना	खाना खाना	कपड़े धोना	पढ़ाई करना
आराम करना	टी.वी. देखना	नहाना	सोना

(c) **Welche Ausdrücke gehören zusammen?**

बाथरूम में	खाना बनाते हैं।
किचन में	आराम करते हैं।
हॉल में	टी.वी. देखते हैं।
बरामदे में	सोते हैं।
बेडरूम में	नहाते हैं।

(d) ***Wo kochen Sie?*** **– Bilden Sie Sätze und unterhalten Sie sich.**

आप खाना कहाँ बनाते हैं ? – मैं खाना ... में बनाता हूँ।

(e) ***Ratespiel: Wo bin ich gerade?*** **– Denken Sie an einen Ort und sagen Sie, was Sie dort machen bzw. nicht machen. Die anderen müssen den Ort erraten.**

मैं वहाँ खाना नहीं बनाता।

मैं वहाँ पढ़ाई करता हूँ।

...

मैं किस कमरे में हूँ, बताओ ?

9.7 ***Die Metro von Delhi***

(a) Lesen Sie die Frage und sprechen Sie miteinander:

क्या आप कभी मेट्रो में जाते हैं ?

(b) Was bedeuten diese Verben?

करना (5x)	पहुँचाना	जाना (2x)	देखना (2x)	पूछना

(c) Ergänzen Sie die Verben im Präsens.

दिल्ली मेट्रो

1. दिल्ली में बहुत-से लोग मेट्रो में सफ़र ________ ।
2. मेट्रो लोगों को दिल्ली के कोने-कोने तक ________ ।
3. मेट्रो नोएडा और गुड़गाँव तक भी ________ ।
4. मेट्रो में कुछ लोग आराम ________, कुछ अपना मोबाइल ________,
5. और कुछ लोग आपस में बातें ________ ।

(d) Ergänzen Sie die Verben im Progressiv.

मेट्रो के डिब्बे में

1. अभी मैं ब्लू लाइन से राजीव चौक ________ ।
2. सामने एक लड़की अपनी सहेली से बात ________ ।
3. एक लड़का किसी से फ़ोन पर बात ________ ।
4. एक बच्चा अपनी माँ से कुछ ________ ।
5. और मैं मेट्रो में लोगों को ________ ।

(e) Fragen für Gespräche

- आप विश्वविद्यालय कैसे आते हैं ?
- आप रास्ते में क्या-क्या करते हैं ?

9.8 ***30-40*** **– Was bedeuten diese Zahlen?**

तीस	तैंतीस	पैंतीस	सैंतीस	चौंतीस	अड़तीस
चालीस	उनतालीस	बत्तीस	इकत्तीस	छत्तीस	

30 ____________ 36 ____________

31 ____________ 37 ____________

32 ____________ 38 ____________

33 ____________ 39 ____________

34 ____________ 40 ____________

35 ____________

9.9 **Fragen für Gespräche**

दिन भर

- आप सुबह-सुबह क्या करते हैं ?
- आप दिन में क्या करते हैं ?
- आप शाम को क्या करते हैं ?
- आप रात में क्या करते हैं ?

खाना-पीना

- आप सुबह क्या पीते हैं ? आप सुबह क्या खाते हैं ?
- आप दिन का खाना कहाँ खाते हैं ? आप दिन में क्या खाते हैं ?
- आप शाम को / रात को कितने बजे खाना खाते हैं ? क्या खाते हैं ?
- आपके घर में खाना कौन बनाता है ?

10 दसवाँ अध्याय

10.1 Satzmuster

(a) Lesen Sie die Frage und unterhalten Sie sich.

आप अपना वीकेंड कैसे बिताते हैं ?

(b) ***Was macht Saurabh sonntags?*** **– Bilden Sie Sätze.**

रविवार को

सौरभ / अपने भाई सुमित का घर / जाना

सुमित की बेटी काव्या / सौरभ / अपने खिलौने / दिखाना

सौरभ की भाभी / काव्या / सुला देना

दोपहर / भाभी / सब / खाना / परोसना

सौरभ / सब / बातें / करना

रात / सौरभ / बस / घर / आना

सौरभ ... *जाता है।*

(c) Unterstreichen und bestimmen Sie alle Satzglieder.

(d) Fragen für Gespräche

- आप शनिवार को क्या-क्या करते हैं ?
- आप रविवार को क्या-क्या करते हैं ?

10.2 Bilden Sie Sätze. In welchen Kontexten könnten Sie diese verwenden?

(a) ***Kommen und gehen***

वहाँ	घर	विश्वविद्यालय	पुस्तकालय	यह गाँव	वह शहर

1. वह — *वह (अभी) वहाँ जा रहा है।*
   हम
   ...

2. वह — *वह (रोज़) वहाँ से लौटता है।*
   मैं
   ...

(b) ***Jemanden herbeirufen***

टैक्सी	गाड़ी	ड्राइवर	मिस्तरी	डॉक्टर

(वह / उसको) — *मैं (अभी) टैक्सी बुला रहा हूँ।*
(उसको) — *– टैक्सी को कल सुबह बुलाना !*

(c) ***In einem Buchladen***

किताब	अखबार	पत्रिका	नक्शा	शब्दकोश

1. बोलना — *इसको (हिंदी में) क्या कहते हैं ?*
   – इसको (हिंदी में) किताब कहते हैं।

2. हम, एक, खरीदना — *हम एक किताब खरीद रहे हैं।*

3. तुम, यह, देखना ! — *तुम यह किताब देखो !*

4. तुम, इसको, देखना ! — *इस किताब को देखो !*

(d) ***Handlungen***

हम – वे   मैं – आप   वह – मैं   वह – यह   वह – मेघा

मेरा भाई – उसका दोस्त   मेरे पिताजी – हमारा पड़ोसी

1. कुछ देना — *हम उनको कुछ दे रहे हैं।*
2. कुछ लेना — *हम उनसे कुछ ले रहे हैं।*
3. (हमेशा) घर बुलाना — *हम उनको हमेशा घर बुलाते हैं।*
4. (वीकेंड पर) मिलना — *हम उनसे वीकेंड पर मिलते हैं।*

5. बात करना — *हम उनसे बात कर रहे हैं।*
6. कुछ पूछना — *हम उनसे कुछ पूछ रहे हैं।*
7. कुछ बताना — *हम उनको कुछ बता रहे हैं।*
8. सलाह देना — *हम उनसे सलाह लेते हैं।*

9. अच्छा समझना — *हम उनको अच्छा समझते हैं।*
10. अपना गुरू मानना — *हम उनको अपना गुरू मानते हैं।*
11. गुरू जी कहकर बुलाना — *हम उनको गुरू जी कहकर बुलाते हैं।*

(e) ***Jemandem etwas geben***

हम / वे	आप / मैं	वे / वह	मेरे पिताजी / हमारा पड़ोसी

1. तोहफ़ा देना — *हम उनको एक तोहफ़ा दे रहे हैं।*

2. दावत देना — *जन्मदिन पर हम उनको दावत देते हैं।*

3. मिठाई का डिब्बा देना — *(हर दीवाली पर) हम उनको मिठाई का डिब्बा देते हैं।*

(f) **Das reflexive Personalpronomen –** ***ich mit meinem ... / du mit deinem ... / sie mit ihrem ... usw.***

मैं – मेरी माँ	तुम – तुम्हारे पिताजी	वह – उसका दोस्त
हम – हमारे माँ-बाप	आप – आपका भाई	तुम – तुम्हारी गर्लफ़्रेंड

1. फ़ोन पर बात करना — *मैं अपनी माँ से (रोज़) फ़ोन पर बात करता हूँ।*

2. सारी बातें बता देना — *मैं अपनी माँ को सारी बातें बता देता हूँ।*

3. झगड़ा नहीं करना — *मैं अपनी माँ से झगड़ा नहीं करता।*

4. मिलना — *(हर रविवार को) मैं अपनी माँ से मिलता हूँ।*

10.3 ***Zu Hause***

(a) **Lesen Sie die Frage und sprechen Sie miteinander:**

छुट्टी के दिन सुबह आप क्या करते हैं ?

(b) **Lesen Sie den Text.**

शनिवार का नाश्ता

वीकेंड पर राहुल और उसकी बहन आकांक्षा कॉलेज नहीं जाते । सब घर पर ही हैं । पिताजी अखबार पढ़ रहे हैं । माँ रसोई में आलू के पराँठे बना रही है ।
कुछ देर बाद आकांक्षा थालियाँ लगाती है । माँ सबकी थाली में पराँठे और अचार रखती है । और कटोरी में दही डालती है । राहुल रसोई से पानी लाता है और सबके गिलासों में पानी डालता है । सब साथ बैठते हैं और खाना खाते हैं । फिर आकांक्षा फ्रिज से जलेबियाँ निकालती है और इनको भी सब की थाली में रखती है ।

(c) **Antworten Sie auf diese Fragen:**

1. राहुल की बहन का नाम क्या है ?
2. पिताजी क्या कर रहे हैं ?
3. क्या माँ दाल-चावल बना रही हैं ?
4. थालियाँ कौन लगाता है ?
5. माँ थाली में क्या रखती है ?
6. क्या माँ कटोरी में दही डालती हैं ?
7. पानी कौन लाता है ?
8. आकांक्षा फ्रिज से क्या निकालती है ?

(d) **Analysieren Sie die Sätze und übersetzen Sie den Text.**

10.4 ***Spiel: Nimm diesen Stuhl!***

(a) Was bedeuten diese Ausdrücke?

कुछ पकड़ना	कुछ उठाना	कुछ ले जाना
कुछ रख देना	कुछ देखना	कुछ ले आना

(b) Wie können diese Satzglieder lauten, wenn sie den Patiens ausdrücken? Ergänzen Sie die Tabelle.

	neutral		intensiviert	
	यह	ये	यह (को)	ये (को)
कुर्सी	*यह कुर्सी*			
किताब				
कलम				
बोतल				

(c) Schaffen Sie Ihrem Partner an, Dinge umherzuräumen. Tauschen Sie dann die Rollen.

आप यह कुर्सी पकड़िए !
आप इस कुर्सी को उठाइए !
आप इसको वहाँ ले जाइए और रख दीजिए !

आप वह कुर्सी देखिए !
उस कुर्सी को यहाँ ले आइए !

10.5 *Zeit mit Freunden*

(a) **Lesen Sie die Frage und sprechen Sie miteinander:**

जब आप अपने दोस्तों से मिलते हैं, तो आप क्या-क्या करते हैं ?

(b) **Was bedeuten diese Ausdrücke?**

मिलना	बातें करना	अपने स्कूल के दोस्तों को फ़ोन करना
बाहर खाना खाना	फ़िल्में देखना	देर रात तक बाहर घूमना

(c) **Ergänzen Sie die Verben in (b) im Präsens.**

1. वीकेंड पर मैं अपने दोस्तों से ________ ।
2. हम बातें ________ और अपने स्कूल के दोस्तों को फ़ोन ________ ।
3. हम बाहर खाना ________ और कभी-कभार फ़िल्में भी ________ ।
4. बहुत बार हम देर रात तक बाहर ________ ।

(d) **Wählen Sie die richtigen Postpositionen und bilden Sie Sätze nach dem Beispiel.**

किसी को	किसी से

1. ________ मिलना	5. ________ फ़िल्में दिखाना
2. ________ बातें करना	6. ________ गाड़ी में घुमाना
3. ________ चुटकुले सुनाना	7. ________ पिज़्ज़ा खिलाना
4. ________ गाने सुनाना	8. ________ हिंदी सीखना

1. वीकेंड पर मैं अपनी सहेलियों से मिलती हूँ।

2. ...

(e) ***Was machen Sie, wenn Sie mit Freunden zusammen sind?* – Erzählen Sie.**

जब	मैं	अपने दोस्त से अपनी सहेली से अपने दोस्तों से ... से	मिलता हूँ मिलती हूँ	, तब	मैं उसको / उनको मैं उससे / उनसे हम साथ-साथ	... ।

10.6 Fragen für Gespräche

आना-जाना

- आप विश्वविद्यालय कैसे आते हैं ? आप घर कैसे जाते हैं ?
- क्या आप कहीं काम करते हैं ? काम पर आप कैसे जाते हैं ?
- आप अपने नाना-नानी / दोस्त / ... के घर कैसे जाते हैं ?

छुट्टियों में

- आप छुट्टी के दिन / वीकेंड पर क्या-क्या करते हैं ?
- छुट्टियों में आप क्या करते हैं ?
- गर्मियों की छुट्टियों में आप कहाँ जाते हैं ?

सच्चे दोस्त

- आप फ़ुर्सत में किन लोगों से मिलते हैं ?
- दिन-भर आपकी किस-किससे बात होती है ?
- आम तौर पर आप किन लोगों को फ़ोन करते हैं ?
- जब आप परेशान होते हैं, तो किससे सलाह लेते हैं ?

11 ग्यारहवाँ अध्याय

11.1 Zusammengesetze Postpositionen

(a) ***Was alles ist hier im Unterrichtsraum?* – Unterhalten Sie sich.**

इस कमरे में क्या-क्या है ? → इस कमरे में कुर्सियाँ हैं, मेज़ें हैं ...

(b) **Was bedeuten diese Ausdrücke?**

ऊपर	नीचे	आगे	पीछे	सामने	पास

(c) **Bilden Sie Ausdrücke nach dem Beispiel. Was bedeuten diese Ausdrücke?**

मेज़ के ऊपर *मेज़ के नीचे* ...

(d) ***Was ist hier wo?* – Beschreiben Sie den Raum. Verwenden Sie dabei zusammengesetzte Postpositionen.**

मेज़ के नीचे क्या है ? → *मेज़ के नीचे फ़र्श है ।*

कुर्सी कहाँ है ? → *कुर्सी मेज़ के पास है ।*

...

(e) **Wie bildet und verwendet man zusammengesetzte Postpositionen?**

(f) *Zu Hause* – **Fragen für Gespräche**

- आपके घर के सामने क्या है ?
- आपके घर के पीछे क्या है ?
- आपके घर के आस-पास क्या-क्या है ?
- आपके कमरे की खिड़की से क्या दिखता है ?
- आपके कमरे की दीवारों पर क्या है ?
- आपके पलंग के नीचे क्या-क्या है ?

11.2 Bilden Sie Sätze. In welchen Kontexten könnten Sie diese verwenden?

(a) ***Mein Rucksack ist unter dem Tisch.***

मेज़ कुर्सी सोफ़ा पलंग अलमारी

1. मेज़ के नीचे — *मेज़ के नीचे मेरा बैग है।*
2. मेज़ के पीछे — *मेज़ के पीछे दीवार है।*
3. मेज़ के सामने — *उस मेज़ के सामने दरवाज़ा है।*
4. मेज़ के बगल में — *मेज़ के बगल में एक और मेज़ है।*

(b) ***Komm mit uns mit!***

हम मैं वह वे यह लड़की वह लड़का

1. हमारी तरफ़, देखना — *हमारी तरफ़ देखो !*
2. हमारे साथ, चलना — *हमारे साथ चलो !*
3. हमारे पास, रहना — *हमारे पास रहो !*

(c) ***(Nur / auch) für uns kochen***

हम	आप	मैं	वे	यह आदमी	वह औरत

1. हमारे लिए — *वह हमारे लिए खाना बनाती है।*
2. हमारे लिए ही — *वह हमारे लिए ही खाना बनाता है।*
3. हमारे लिए भी — *वह हमारे लिए भी खाना बनाता है।*

(d) ***Reden, fragen, …***

पढ़ाई	आई.आई.टी.	ट्यूशन	कमरे का किराया

1. बात करना — *वे पढ़ाई के बारे में बात कर रहे हैं।*
2. कुछ पूछना — *वह पढ़ाई के बारे में कुछ पूछ रही है।*
3. सोचना — *क्या तुम पढ़ाई के बारे में सोच रही हो ?*
4. जानना — *मैं पढ़ाई के बारे में और जानना चाहती हूँ।*
5. और बताना — *तुम पढ़ाई के बारे में और बताओ !*

(e) ***Sprechen über … , beschäftigt sein wegen …***

काम	पढ़ाई	नौकरी	शादी	बच्चे

1. बात करना — *हम काम के बारे में बात कर रहे हैं।*
2. व्यस्त रहना — *काम की वजह से वह व्यस्त रहता है।*

(f) ***(Zu sich / zu jemand anderem) nach Hause fahren***

घर	दोस्त का घर	गाँव	ससुराल	ननिहाल

1. अपने घर — *वह अपने घर जा रही है।*
2. उसके घर — *वह उसके घर जा रही है।*

11.3 *Manus Zimmer*

(a) Was sehen Sie auf dem Bild? Erzählen Sie.

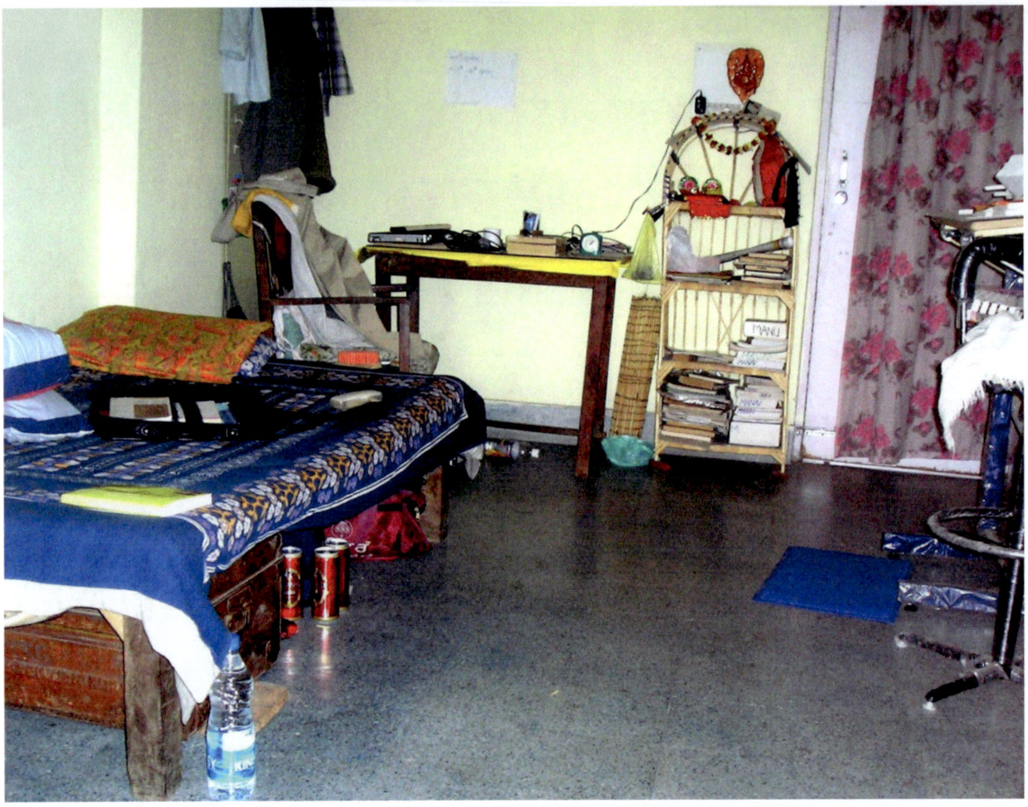

(b) Suchen Sie diese Dinge auf dem Bild.

पलंग	तकिए	कंबल	बैग

सामान	कपड़े	लैपटॉप	किताबें	घड़ी

मेज़	कुर्सी	दरवाज़ा	पर्दा

(c) Lesen Sie den Text.

मनु का कमरा

तस्वीर में मनु का कमरा है। मनु पटना विश्वविद्यालय में पढ़ता है। कमरे में एक पलंग हैं। पलंग पर एक बैग है। बैग के साथ तकिए और कंबल है। पलंग के नीचे कुछ सामान पड़ा है।

दीवार के साथ एक मेज़ है। मेज़ पर लैपटॉप और किताबें हैं। साथ में एक घड़ी भी है। मेज़ के बगल में एक स्टैंड पर भी कुछ किताबें हैं। मेज़ और पलंग के बीच एक कुर्सी है। उस पर कपड़े पड़े हैं। मनु दो साल से इस कमरे में रह रहा है।

(d) Antworten Sie auf diese Fragen:

1. तस्वीर में क्या है ?
2. मनु के कमरे में क्या-क्या है ?
3. पलंग पर क्या-क्या है ?
4. मेज़ पर क्या-क्या है ?
5. कपड़े कहाँ-कहाँ हैं ?
7. किताबें कहाँ-कहाँ हैं ?

(e) Analysieren Sie die Sätze und übersetzen Sie den Text.

(f) Schauen Sie sich das Bild nochmal an und beantworten Sie diese Fragen:

1. क्या कुर्सी दरवाज़े के पास है ? 2. क्या कपड़े कुर्सी पर हैं ?
3. क्या घड़ी दीवार पर है ? 4. क्या संदूक मेज़ के ऊपर है ?
5. क्या पलंग के नीचे कोई बैग है ? 6. क्या बोतल मेज़ पर है ?

11.4 ***Zeit mit der Familie verbringen***

(a) **Lesen Sie die Frage und unterhalten Sie sich:**

आप अपने घरवालों के साथ कैसे समय बिताते हैं ?

(b) **Was bedeuten diese Ausdrücke?**

कोई	किसी को	किसी से	किसी के साथ	किसी के लिए

(c) **Ergänzen Sie die folgenden Ausdrücke:**

1. ______________ बातें करना
2. ______________ अपने दिन के बारे में बताना
3. ______________ बाज़ार से मिठाई लाना
4. ______________ शाम को छत पर घूमना
5. ______________ रात को टी.वी. देखना

(d) **Bilden Sie Ausdrücke nach dem Beispiel und übersetzen Sie sie**

माँ	माँ-बाप	दीदी	भाई-बहन	दादी

मेरी माँ	*मेरी माँ से*	*मेरी माँ के साथ*
meine Mutter	mit meiner Mutter	zusammen mit meiner Mutter

(e) **Bilden Sie Sätze:**

1. मैं / मेरे माँ-बाप / बातें / करना
2. मैं / मेरी दीदी / मेरा दिन / बताना
3. मैं / मेरी दादी / बाज़ार / मिठाई / लाना
4. मैं / मेरी माँ / शाम / छत / घूमना
5. मैं / मेरे भाई-बहन / रात / टी.वी. / देखना

(f) Bilden Sie Verbalkonstruktionen im Progressiv und Präsens und übersetzen Sie sie.

1. आना (1. Sg. m.) 2. बैठना (2. Sg. m.) 3. बनाना (3. Pl. f.)

4. देना (3. Sg. f.) 5. पीना (1. Pl. f.) 6. देखना (1. Pl. m.)

(g) Ergänzen Sie die fehlenden Postpositionen

–	से	के लिए	के साथ	के बारे में

1. रवि घर ______ आता है।
2. उसकी माँ उस ______ चाय ______ बनाती है।
3. वह चाय ______ बिस्कुट ______ खाता है।
4. वह थोड़ी देर ______ आराम ______ करता है
5. और अपनी माँ ______ पढ़ाई ______ बात ______ करता है।

(h) Übersetzen Sie.

1. Ravi ist zu Hause. 2. Er unterhält sich mit seinem Bruder über die Uni. 3. Am Abend kommt der Vater vom Büro nach Hause. 4. Die Mutter kocht für alle. 5. Sie essen zusammen. 6. Ravi geht schnell zum Markt und holt Milch für den Tee. 7. Alle trinken gemeinsam Tee und sehen fern. 8. Nach einer kurzen Zeit gehen alle schlafen.

(i) Fragen für Gespräche

- आपके घर में कौन-कौन हैं ?
- आपके घर में खाना कौन बनाता है ?
- छुट्टी के दिन आप घर पर क्या करते हैं ?

11.5 *Jungesellendasein*

(a) Was bedeuten diese Ausdrücke?

पढ़ना चाहना	तैयारी करना	ट्यूशन पर जाना	ट्यूशन लेना

(b) ***Vikas bereitet sich für die Aufnahmeprüfung vor.*** **– Setzen Sie die richtigen Postpositionen ein.**

में (2x)	पर	के	की (2x)	के साथ

बैचलर्स लाइफ़

1. विकास आई.आई.टी. ____ पढ़ना चाहता है।
2. आजकल वह एंट्रेंस एग्जाम ____ तैयारी कर रहा है।
3. वह पटना में रह रहा है और इस ____ ट्यूशन ले रहा है।
4. वह अपने गाँव ____ दो दोस्तों ____ एक कमरे में रह रहा है।
5. उसके दोनों दोस्त भी ट्यूशन ____ जाते हैं।

(c) ***Vikas wohnt zusammen mit zwei Freunden.*** **– Setzen Sie die richtigen Postpositionen ein.**

में (2x)	पर (2x)	के लिए	के साथ

1. विकास अपने स्कूल के दोस्तों ____ रहता है।
2. तीनों दोस्त एक किराये के कमरे ____ रहते हैं।
3. कमरा घर की दूसरी मंज़िल ____ है।
4. हर मंज़िल ____ ऐसे छह कमरे हैं।
5. हर छह कमरों ____ एक स्नानघर और एक शौचालय है।
6. इस घर ____ कई छात्र रहते हैं।

(d) ***Wenn man nicht gerade lernt ...*** **– Welche Ausdrücke gehören zusammen?**

दोस्तों से	घूमना
दोस्तों के साथ	लगाना
लड़कियों की	मिलना
मोटर साइकिल पर	गंगा किनारे बैठना
शहर का चक्कर	बात करना

(e) **Schreiben Sie einen Text mit den Ausdrücken in (d).**

कभी-कभार विकास और उसके दोस्त बाक़ी दोस्तों से मिलते हैं।
वे ...

(f) **Übersetzen Sie**

1. Vikas wohnt in Patna. 2. Zur Zeit nimmt er Privatunterricht. 3. Er lernt jeden Tag. 4. Er will gern am IIT studieren. 5. Ohne Privatunterricht ist es schwer, die Aufnahmeprüfung zu schreiben. 6. Manchmal trifft er sich mit seinen Freunden. 7. Dann sitzen sie am Gangesufer und reden über Mädchen. 8. Oder sie fahren mit dem Motorrad herum. 9. Sie fahren in der Stadt herum.

(g) **Lesen Sie die Fragen und sprechen Sie miteinander:**

- आप क्लास से पहले क्या करते हैं ?
- आप क्लास के बाद क्या करते हैं ?
- आप अपना वीकेंड कैसे / कहाँ / किसके साथ बिताते हैं ?
- आप अपना ज़्यादा समय कैसे / कहाँ / किसके साथ बिताते हैं ?

11.6 ***40-50***

(a) Was bedeuten diese Zahlen?

चालीस चवालीस बयालीस छियालीस पचास उनचास
तैंतालीस सैंतालीस पैंतालीस इकतालीस अड़तालीस

40 ______	46 ______
41 ______	47 ______
42 ______	48 ______
43 ______	49 ______
44 ______	50 ______
45 ______	

(b) ***1, 31, 41*** **– Welche Zahlen gehören zusammen?**

एक	तैंतीस	*इकतालीस*
दो	*इकत्तीस*	तैंतालीस
तीन	सैंतीस	पैंतालीस
पाँच	अड़तीस	सैंतालीस
छह	पैंतीस	अड़तालीस
सात	बत्तीस	बयालीस
आठ	छत्तीस	छियालीस

12 बारहवाँ अध्याय

12.1 Zustandsperfekt

(a) ***Sitzen, stehen, liegen, ...* – Welche Ausdrücke gehören zusammen? Was bedeuten sie?**

बैठना	रखा होना
रखना	पड़ा होना
पड़ना	बैठा होना
लिखना	खड़ा होना
उठना	लिखा होना

(b) **Beschreiben sie, wo im Unterrichtsraum sich wer oder was sich befindet.**

आप किसके साथ बैठे हैं ?

आपकी मेज़ पर क्या रखा है ?

आपका बैग कहाँ पर रखा है ?

फ़र्श पर क्या पड़ा है ?

बोर्ड पर क्या लिखा है ?

...

(c) **Wie umschreibt man Zustände wie '*sitzen*', '*stehen*', '*liegen*' usw.?**

(d) **Zeichnen Sie ein Bild oder bringen Sie ein Foto mit, auf dem sich Personen oder Gegenständen an bestimmten Stellen befinden. Beschreiben Sie das Bild so, dass ihr Partner es nachzeichnen kann, ohne es zu sehen. Vergleichen Sie dann die beiden Bilder.**

12.2 Bilden Sie Sätze. In welchen Kontexten könnten Sie diese verwenden?

(a) *Sich setzen, sitzen*

बैठना	उठना (!)	पड़ना	लेटना	सोना

1. हम, बैठना — *हम बैठ रहे हैं।*
   वह, लेटना — *हम बैठते हैं।*
   ...

2. हम, बैठना — *हम बैठे हैं।*
   मैं, उठना
   ...

3. मैं, बैठना — *मैं बैठ जाती हूँ।*
   वह, उठना
   ...

4. मैं, बैठना — *मैं बैठी हुई हूँ।*
   हम, उठना
   ...

(b) ***Wo sind die Gegenstände?***

सामान	चीज़ें	कपड़े	किताबें	पैसे

1.	मैं, सामान वे, पैसे ...	*मेरा सारा सामान फ़र्श पर पड़ा है।*
2.	तुम, सामान वह, कपड़े ...	*तुम्हारा सामान कहाँ रखा है ?* *– उस कमरे में है।*

(c) ***Woher kommen Sie?***

आप	वह	वे	मेरा दोस्त	उसकी सहेली

1.	होना	*आप किस देश से हैं ? – हम भारत से हैं।*
2.	घर, होना	*आपका घर कहाँ है ?* *– हमारा घर बरेली में है।*
3.	आया होना	*आप कहाँ से आए हैं ?* *– हम बरेली से आए हैं।*
4.	आया हुआ होना	*हम बरेली से आए हुए हैं। अभी एक साल से यहाँ रह रहे हैं।*
5.	रहनेवाला होना	*हम भारत के रहनेवाले हैं।*
6.	रहना	*हम इटली में रहते हैं। वैसे हम बरेली के रहनेवाले हैं।*
7.	रुका होना	*आप कहाँ रुके हैं ?* *– हम अभी होटल में ठहरे हैं।*

12.3 *Menschen und ihre Arbeit*

(a) Beschreiben Sie die Bilder.

(b) Lesen Sie den Text.

लोग और उनके काम

सोनी और ऋचा दिल्ली में साथ में रहती हैं और गुड़गाँव में एक ही कंपनी में नौकरी करती हैं। सोनी बिहार से आई है और ऋचा का घर करनाल में है। तस्वीर में ऑफ़िस क्रिसमस की वजह से सजा हुआ है।

बलिराम और अखिलेश भी बिहार से आए हैं। तस्वीर में वे नागपुर की एक कंस्ट्रक्शन साइट पर खड़े हैं। वहाँ एक इमारत बन रही है और वे दोनों इसमें काम करते हैं। महाराष्ट्र में दिसंबर में भी काफ़ी गर्मी पड़ती है।

(c) **Antworten Sie auf diese Fragen.**

1. सोनी कहाँ से आई है ?
2. ऋचा कहाँ से आई है ?
3. दोनों लड़कियाँ कहाँ रहती हैं ?
4. तस्वीर में वे दोनों कहाँ खड़ी हैं ?
5. बलिराम और अखिलेश कहाँ से आए हैं ?
6. वे दोनों कहाँ काम करते हैं ?
7. तस्वीर में वे दोनों कहाँ खड़े हैं ?

(d) **Stellen Sie selbst Fragen zum Text. Fassen Sie den Text dann in eigenen Worten zusammen.**

(e) **Bestimmen Sie die Verbalkonstruktionen im Zustandsperfekt und erklären Sie ihre Verwendung.**

(f) **Übersetzen Sie den Text.**

12.4 *Wo kommen Sie her? Wo wohnen Sie? Was machen Sie?*

(a) Was bedeuten diese Ausdrücke?

में, का घर होना	का रहनेवाला होना	से आया होना
रहना	पढ़ाई करना	काम करना

(b) Ergänzen Sie.

सचिन उत्तरकाशी का ______________ । आजकल वह देहरादून में ______________ । वह वहाँ ______________ । वह महीने में एक बार घर जाता है ।

(c) Schreiben Sie kurze Texte.

	प्रदीप ♂	ज़रीना ♀	आकाश ♂	हर्ष ♂
कहाँ से हैं ?	मुंबई	हैदराबाद	पुणे	कानपुर
कहाँ रहते हैं ?	बेंगलूरु	दिल्ली	मुंबई	दिल्ली
क्या करते हैं ?	इंफ़ोसिस में काम	डी.यू. में पढ़ाई	रेड एफ़.एम. में काम	एम.बी.ए. की पढ़ाई

(d) Fragen für Gespräche

- आप कहाँ से आए हैं ?
- आप कहाँ रहते हैं ?
- आप क्या करते हैं ?

12.5 *Im Hof*

(a) Ergänze Sie die Verbalkonstruktionen im Zustandsperfekt.

खड़ा होना	लेटा होना	बैठा होना	पड़ा होना	सोया होना

1. बर्तन फ़र्श पर ____________ ।
2. दादीजी कुर्सी पर ____________ ।
3. भैया दरवाज़े पर ____________ ।
4. भाभी जी नीचे ____________ और कपड़े धो रही हैं ।
5. अख़बार कोने में ____________ ।
6. पिताजी चारपाई पर ____________ और ____________ ।

(b) *Entschuldigung, kannst du das nochmal sagen?* – Bilden Sie Sätze.

हमारा आँगन, मेरी बहन है, मेरा भाई, मेरी दादीजी, हमारा रसोईघर

यह हमारा आँगन है । → क्या है ? → हमारा आँगन !

(c) Übersetzen Sie.

1. Wir sind im Hof. 2. Mein Vater arbeitet gerade. 3. Meine Mutter sitzt gerade auf einem Stuhl. 4. Meine Großmutter liegt auf dem Charpoy. 5. Meine Schwester spült das Geschirr. 6. Mein Bruder liest Zeitung. 7. Die Kleidung liegt auf dem Boden. 8. Mein Schwägerin füllt Wasser in einen Eimer. 9. Die Zeitung von gestern liegt auf einem Stuhl. 10. Meine Tante spielt mit den Kindern.

(d) Bringen Sie Bilder mit, die Menschen in ihren Umgebungen zeigen. Beschreiben Sie die Bilder.

12.6 Eine Kurzgeschichte – *Die Neumondnacht*

(a) Was bedeuten diese Wörter?

बैठना सोना उठना बिछना छाना

(b) Bilden Sie jeweils das Zustandsperfekt und vergleichen Sie die Ausdrücke.

बैठना → बैठा होना

sich setzen   sitzen

(c) Ergänzen Sie die Sätze mit Verbalkonstruktionen im Zustandsperfekt.

अमावस्या की एक रात

बाहर बहुत अंधेरा ______________ ।

घर में सब लोग ______________ ।

खिड़की के पास एक दरी ______________ ।

उस पर एक काली बिल्ली ______________ ।

एक मिनट, वहाँ कोने में कोई ______________ ।

" कौन है ?"

(d) Schreiben Sie die Geschichte fertig oder schreiben Sie eine andere Geschichte.

13 तेरहवाँ अध्याय

13.1 Das Präteritum (der intransitiven Verben)

(a) Lesen Sie die Frage und unterhalten Sie sich.

आप क्लास से पहले क्या-क्या करते हैं ?

(b) ***Heute vor dem Unterricht ...*** **– Was bedeuten diese Ausdrücke?**

उठना	नहाना	तैयार होना	निकलना	क्लास आना

(c) ***Was hast du heute früh gemacht?*** **– Bilden Sie Sätze nach dem Beispiel.**

हम उठे *मैं उठी* *मैं उठा*

...

(d) Wie bildet und verwendet man das Präteritum?

(e) Erzählen Sie, was Sie heute schon gemacht haben.

आज सुबह मैं सात बजे उठा।

उसके बाद ...

फिर ...

तब ...

13.2 Bilden Sie Sätze. In welchen Kontexten könnten Sie diese verwenden?

(a) Wir sind … / wir waren …

क्लास में	घर पर	वहाँ	अपने दोस्त के यहाँ

हम, क्लास में
तुम, घर पर
वह, वहाँ
…

1. अभी हम क्लास में हैं।
2. कल हम क्लास में थे।
3. परसों हम क्लास में नहीं थे।

(b) *Alltag*

उठना	नहाना	तैयार होना	जाना	लौटना	लेटना	सोना

हम, उठना	*1. हम उठे।*
मैं, तैयार होना	*2. हम उठ गए।*
वह, नहाना	*3. आज हम जल्दी उठ गए।*
…	*4. कल हम देर से उठे।*

(c) *Saß, stand, …*

बैठना	उठना	लेटना	सोना	जगना	रुकना	ठहरना

हम, बैठना	*1. हम बैठे हैं।*	*3. हम बैठे हुए हैं।*
वह, रुकना	*2. हम बैठे थे।*	*4. हम बैठे हुए थे।*
…		

5.	काफ़ी देर से	*हम काफ़ी देर से यहाँ बैठे हैं।*
6.	काफ़ी देर तक	*हम काफ़ी देर तक वहाँ बैठे थे।*
7.	सारा दिन	*हम सारा दिन वहाँ बैठे हुए थे।*

(d) ***Wann bist du heute aufgewacht?***

6 / 11 बजे – नींद खुलना 7 / 12 बजे – उठना 8 / 1 बजे – नहाना 9 / 2 बजे – घर से निकलना 10 / 3 बजे – काम पर पहुँचना शाम के 5 बजे / अभी तक नहीं – घर लौटना

1. तुम — *तुम्हारी नींद कितने बजे खुली ? छह बजे ?*
   वह — *– नहीं, ग्यारह बजे खुली ।*
   गौरव
   ...

2. गौरव — *आम तौर पर गौरव की नींद छह बजे खुलती है,*
   मैं — *– पर आज ग्यारह बजे खुली ।*
   हम
   ...

3. मैं / मेरा भाई — *मेरी आज छह बजे नींद खुली,*
   गौरव / उसका दोस्त — *– मेरे भाई की ग्यारह बजे खुली ।*
   ...

(e) ***Zu jemandem, für jemanden, jemandem, jemanden***

किसी के पास जाना किसी से मिलना किसी के लिए कुछ खरीदना किसी के लिए कुछ लाना किसी को कुछ देना

मैं / वह – मैं (दो दिन पहले) उसके पास गया ।
हम / वे
स्वाति / सौरव

13.3 *Nikhils Morgen*

(a) Lesen Sie die Frage und unterhalten Sie sich.

आप सुबह क्या-क्या करते हैं ?

(b) Lesen Sie den Text.

क्लास से पहले

सुबह जल्दी निखिल की नींद खुल गई। थोड़ी देर तक वह बिस्तर पर ही पड़ा रहा। साढ़े छह बजे अलार्म बजा, तो वह उठा और नहाने गया।

सात बजे नाश्ता तैयार था और साढ़े सात बजे वह घर से निकला। रोज़ की तरह वह मोटर साइकिल से कॉलेज गया। सुबह का समय था, इसलिए रास्ते में भीड़ थोड़ी कम थी। लगभग आठ बजे वह कॉलेज पहुँचा। गेट पर ही उसके दोस्त मिले। सब साथ-साथ क्लास चले गए।

(c) *Was würde Nikhil selbst sagen?* – Formulieren Sie den Text um.

(d) Antworten Sie auf diese Fragen:

1. निखिल कब जागा ?
2. आलार्म कितने बजे बजा ?
3. निखिल कितने बजे घर से निकला ?
4. वह कॉलेज कैसे गया ?
5. गेट पर वह किनसे मिला ?

(e) Stellen Sie selbst Fragen zum Text. Fassen Sie den Text dann in eigenen Worten zusammen.

(f) Bestimmen Sie alle Verbalkonstruktionen und erklären Sie ihre Verwendung.

(g) Übersetzen Sie den Text.

13.4 ***Was wir gemacht haben ...***

(a) **Finden und bestimmen Sie die Verbformen. Bilden Sie allen Formen des PII. Übersetzen Sie die Partizipien für sich genommen und als Verbalkonstruktion.**

उठीनहाईनिकलीपहुँचीमिलीघूमीलौटीलेटीसोई

(b) ***Vedikas Morgen*** **– Übersetzen Sie.**

1. Heute wachte Vedika um 7 Uhr auf. 2. Um viertel nach sieben stand sie auf. 3. Um halb acht duschte sie. 4. Um acht ging sie aus dem Haus. 5. Um halb neun kam sie im Büro an. 6. Und bis jetzt ist sie noch nicht zurück nach Hause gekommen.

(c) **Bilden Sie Verbalkonstruktionen im Präteritum (einfach und intensiviert) und übersetzen Sie sie.**

1. निकलना (1. Pl. m.)   2. जाना (2. Pl. m.)   3. पहुँचना (1. Sg. f.)
4. मिलना (3. Sg. f.)   5. घूमना (3. Pl. f.)   6. आना (3. Sg. m.)

हम निकले   *हम निकल गए*   wir gingen hinaus

(d) ***Am letzten Sonntag*** **– Ergänzen Sie die Sätze im Präteritum.**

है	उठना	नहाना	तैयार होना	आना	जाना	घूमना	बीतना

कल रविवार ______ । मैं देर से ______ , ______ और तैयार ______ । मेरे कुछ दोस्त घर मिलने ______ । उनके साथ मैं फिर शहर ______ । हम इधर उधर ______ । कल का दिन अच्छा ______ ।

(e) **Unterhalten Sie sich.**

- आपका दिन कैसा गया ?
- आपका कल का दिन कैसा गया ?

13.5 Bilden Sie Sätze und verwenden Sie sie in Gesprächen.

(a) ***Tagesablauf***

किसी की नींद, खुलना	उठना	घर से निकलना	घर पहुँचना

- आपकी नींद आम तौर पर कितने बजे खुलती है ?
- आपकी नींद आज सुबह कितने बजे खुली ?
- आपकी नींद कल सुबह कितने बजे खुली ?

(b) ***Wo waren sie gestern überall?***

कल	परसों	तीन दिन पहले	दो हफ़्ते पहले
पिछले हफ़्ते	पिछले महीने	पिछले साल	

- क्या आप कल कहीं गए या घर पर ही थे ?
- आप कल कहाँ / कहाँ-कहाँ थे ?
- कल आप कहाँ /कहाँ-कहाँ गए ?

13.6 ***50-60*** **– Was bedeuten diese Zahlen?**

पचास	तिरपन	पचपन	छप्पन	साठ	उनसठ
चौवन	इक्यावन	बावन	सत्तावन	अट्ठावन	

50 ____________________ 56 ____________________

51 ____________________ 57 ____________________

52 ____________________ 58 ____________________

53 ____________________ 59 ____________________

54 ____________________ 60 ____________________

55 ____________________

14 चौदहवाँ अध्याय

14.1 Das Präteritum der transitiven Verben, Ergativ

(a) Lesen Sie die Frage und sprechen Sie miteinander.

आप रोज़ सुबह क्या-क्या करते हैं ?

(b) Was bedeuten diese Ausdrücke?

नाश्ता करना सुबह की चाय पीना थोड़ी-सी पढ़ाई करना
आराम से उठना नहाना तैयार होना हाथ-मुँह धोना
ब्रश करना घर से निकलना कॉलेज जाना

(c) ***Was hat Deepak gestern am Vormittag gemacht?*** **– Bringen Sie die Sätze in die richtige Reihenfolge.**

	तब उसने नाश्ता किया।
	फिर उसने सुबह की चाय पी।
	उसके बाद उसने थोड़ी-सी पढ़ाई की।
	दीपक कल सुबह आराम से उठा।
	थोड़ी देर बाद वह नहाया और तैयार हुआ।
	पहले उसने हाथ-मुँह धोए और ब्रश किया।
	फिर वह घर से निकला और बस से कॉलेज गया।

(d) Untersteichen Sie alle Prädikate und suchen Sie das zugehörige Subjekt.

(e) Wie bildet und verwendet man die Ergativ-Konstruktion?

(f) Lesen Sie die Frage und unterhalten Sie sich:

आपने आज सुबह क्या-क्या किया ?

	मैं ...	मैंने ...
पहले		
फिर		
उसके बाद		
तब		
आख़िर में		

(g) Fragen für Gespräche

- आप दो घंटे पहले कहाँ थे ?
- आज आपने सुबह से क्या किया ?

(h) Bilden Sie Sätze und verwenden Sie sie in Gesprächen.

कल	परसों	पिछले हफ़्ते	पिछले महीने
कल सुबह	कल दोपहर को	कल शाम को	कल दिन-भर

- आप कल कहाँ थे ?
- आपने कल क्या किया ?

14.2 Bilden Sie Sätze. In welchen Kontexten könnten Sie diese verwenden?

(a) *Morgens*

उठना	ब्रश करना	नहाना	तैयार होना
नाश्ता करना	चाय पीना	घर से निकलना	

1. मैं — *मैं (रोज़ जल्दी) उठता हूँ।*
   तुम
   ...

2. वह — *मैं (कल) (आराम से / देर से) उठा।*
   हम लोग
   ...

(b) *Wenn man frei hat*

अपने दोस्तों से मिलना	अपने दोस्तों से बात करना	पार्क में घूमना
मॉल जाना	मेक अप का सामान लेना	रेस्तराँ में खाना खाना

1. रुचि — *आजकल रुचि रोज़ अपने दोस्तों से मिलती है।*
   दिव्या
   ...

2. तुम — *पिछली बार तुम अपने दोस्तों से कब मिलीं?*
   वह — *– मैं अपने दोस्तों से हाल ही में (कल / परसों) मिली।*
   ...

(c) ***Dieses Buch hab ich mehrmals gelesen.***

किताब पढ़ना	फ़िल्म देखना	गाना सुनना	कहानी पढ़ना

1. आप — *क्या आपने यह किताब पढ़ी ?*
   सचिन — *– हाँ, मैंने यह किताब पढ़ी ।*
   ...

2. मैं — *यह किताब मैंने पढ़ी,*
   यह — *– वह किताब नहीं पढ़ी ।*
   ...

3. मैं — *इस किताब को मैंने बार बार पढ़ा ।*
   वह — *– बहुत अच्छी है !*
   ...

(d) ***Wenn man Zeit hat* – Bilden Sie Sätze und verwenden Sie sie in Gesprächen.**

अपने दोस्तों से मिलना	जिम जाना	कपड़े खरीदना
फ़िल्म देखना	बाहर खाना खाना	अपने घर जाना

- क्या आप पिछले हफ़्ते अपने दोस्तों से मिले ?
- पिछली बार आप अपने दोस्तों से कब मिले ?

14.3 ***Nikhils Tag***

(a) **Lesen Sie die Frage und unterhalten Sie sich.**

आपने कल क्या किया ?

(b) **Lesen Sie den Text.**

निखिल का दिन

निखिल सुबह उठा। उसने हाथ-मुँह धोए और ब्रश किया। फिर उसने चाय पी। थोड़ी देर बाद वह नहाया और तैयार हुआ। उसने नाश्ता किया और थोड़ी देर तक अखबार पढ़ा। आठ बजे वह घर से निकला और बस से कॉलेज गया। वहाँ उसने पाँच बजे तक पढ़ाई की।

शाम को वह घर लौटा और थोड़ी देर तक आराम किया। इसके बाद उसने घरवालों के साथ रात का खाना खाया। फिर उसने देर रात तक टी.वी. देखा।

(c) ***Was würde Nikhil selbst sagen?*** **– Formulieren Sie den Text um.**

(d) **Antworten Sie auf diese Fragen.**

1. यहाँ किसके बारे में बात हो रही है ?
2. क्या निखिल सुबह चाय पीता है ?
3. कल निखिल कितने बजे कॉलेज गया ?
4. निखिल ने किसके साथ रात का खाना खाया ?
5. क्या निखिल ने देर रात तक पढ़ाई की ?

(e) **Stellen Sie selbst Fragen zum Text. Fassen Sie den Text dann in eigenen Worten zusammen.**

(f) **Bestimmen Sie alle Satzkonstruktionen und erklären Sie ihre Verwendung.**

(g) **Übersetzen Sie den Text.**

14.4 *Essen und Trinken*

(a) Lesen Sie die Fragen und sprechen Sie miteinander:

- आपका खाना हो गया ?
- आपने आज क्या-क्या खाया ?

(b) Pronomen im Ergativ – Ergänzen Sie die Tabelle:

Singular		Plural	
Rektus	Ergativ	Rektus	Ergativ
मैं ich	मैंने von mir	हम	
तू		तुम	
यह		ये	
वह		वे	

(c) Finden Sie die Partizipien und übersetzen Sie sie. Ergänzen Sie die Tabelle.

खाएलियापीखाईंखायालींलीपींपियालिएखाईपिए

	m. Sg.	m. Pl.	f. Sg.	f. Pl.
लेना				
खाना		खाए gegessene		
पीना				

(d) ***Frühstück*** **– Was bedeuten diese Wörter? Bestimmen Sie Genus und Numerus und bilden Sie Sätze nach dem Beispiel.**

पानी	आलू के पराँठे	दही	अचार	मिठाइयाँ	चाय

m. Sg.	m. Pl.	f. Sg.	f. Pl.
पानी			

सुबह-सुबह मैंने पानी पिया । फिर ...

(e) ***Was haben Sie gestern gegessen und getrunken?*** **– Was bedeuten diese Wörter? Bestimmen Sie Genus und Numerus und bilden Sie Sätze.**

नाश्ते में	पराँठे दही अचार चाय मिठाइयाँ
ग्यारह बजे	पकोड़े चटनी समोसे चाय
शाम को	चाय बिस्कुट नमकीन
रात को	चावल दाल सब्ज़ी रोटी रायता पापड़

नाश्ते में मैंने पराँठे खाए । ...

(f) ***Essen und Trinken*** **– Bilden Sie Sätze und verwenden Sie sie in Gesprächen.**

आज सुबह	कल दिन में	परसों शाम को	पिछले हफ़्ते

- आज सुबह आपने क्या-क्या खाया ? और साथ में क्या पिया ?
- आज सुबह आपके सहपाठियों ने क्या-क्या खाया ? क्या पिया ?

(g) **Erzählen Sie, was Sie heute morgen gegessen haben. Sie dürfen auch lügen. Die anderen müssen raten, ob es stimmt.**

आज सुबह मैंने दो पराँठे खाए । – सच या झूठ ?

14.5 *Gestern*

(a) Lesen Sie die Frage und sprechen Sie miteinander:

आप दिन भर क्या-क्या करते हैं ?

(b) Bilden Sie Sätze:

1. आज / निखिल / 9 – 11 / क्लास / पढ़ना
2. फिर / 11:30 – 1 / वह / पुस्तकालय / पढ़ाई / करना
3. फिर / 1 – 1:45 / वह / उसके दोस्त / कैंटीन / खाना / खाना
4. फिर / 2 – 4 / लगातार / क्लास / है
5. फिर / 5 – 6 / वह / घर का रास्ता / हफ़्ते भर की खरीदारी / करना

निखिल ने 9 बजे से लेकर ग्यारह बजे तक क्लास में पढ़ा ।

(c) Verfassen Sie kurze Texte.

	काजल ♀	नेत्रा ♀	नवीन ♂
सुबह के 7 बजे	*तैयार होना*	*पूजा करना*	*नहाना*
दोपहर के 3 बजे	*पढ़ाई करना*	*कपड़े धोना*	*जिम जाना*
शाम के 5 बजे	*बर्तन धोना*	*खाना बनाना*	*दोस्तों से मिलना*
शाम के 9 बजे	*टी.वी. देखना*	*आराम करना*	*सोना*

सुबह के सात बजे काजल तैयार हुई ।

(c) Lesen Sie die Frage und unterhalten Sie sich.

आपने कल दिन-भर क्या-क्या किया ?

14.6 ***Letzte Woche***

(a) Bringen Sie die Wörter in die richtige Reihenfolge.

गुरुवार बुधवार मंगलवार रविवार शनिवार शुक्रवार सोमवार

(b) Welche Ausdrücke gehören zusammen?

हफ़्ते का सामान	खाना
पार्क में जॉगिंग	जाना
मेक अप का सामान	करना
बाहर खाना	लेना
अपने घर	खरीदना

(c) ***Was hat Shreya letzte Woche gemacht?*** **– Bilden Sie Sätze.**

1. सोम / श्रेया / उसकी बहन / बाज़ार / हफ़्ते का सामान / खरीदना
2. बुध / वह / पार्क / जॉगिंग / करना
3. गुरु / वह / उसकी सहेली / मॉल / मेक अप का सामान / लेना
4. शुक्र / वह / उसके दोस्त / बाहर / खाना / खाना
5. शनि / वह / उसके भाई-भाभी का घर / जाना

(d) Lesen Sie die Frage und unterhalten Sie sich.

आपने पिछले हफ़्ते क्या-क्या किया ?

14.7 Kurzgeschichte – *Shanti und das Geheimnis ihres Mannes*

(a) Bestimmen Sie diese Verbalkonstruktionen.

किया	की	लौट रहे हैं	लगाया

(b) Ergänzen Sie die Verbalkonstruktionen.

शांति के पति काफ़ी दिनों से देर से घर ________ ।

इसलिए शांति ने उनके पीछे एक जासूस ________ ।

जासूस ने आज उनका पीछा ____ और कुछ जानकारी इकट्ठी ____ ।

(c) Bilden Sie Sätze:

8:33 वह / घर से / निकलना

8:38 वह / पनवाड़ी की दुकान पर / सिगरेट / पीना

8:41 वह / बस / पकड़ना

9:36 वह / दफ़्तर / पहुँचना

4:44 वह / दफ़्तर से / निकलना

4:45 वह / किसी को / फ़ोन / करना

4:48 वह / सिगरेट / पीना

4:52 वह / ऑटोरिक्शा / पकड़ना

...

नौ बजकर तैंतीस मिनट वह घर से निकला ।

नौ अड़तीस पर ...

(d) Schreiben Sie die Kurzgeschichte fertig oder schreiben Sie eine andere Kurzgeschichte.

15 पंद्रहवाँ अध्याय

15.1 Futur

(a) Lesen Sie die Frage und sprechen Sie miteinander.

आप क्लास के बाद क्या-क्या करते हैं ?

(b) ***Nach dem Unterricht*** **– Was bedeuten diese Ausdrücke?**

कैंटीन में खाना खाना   पुस्तकालय में पढ़ाई करना   घर जाना
आराम करना   खाना बनाना   दोस्तों से मिलना

(c) Bilden Sie Sätze nach dem Beispiel.

हम ... खाएँगे।	*मैं ... खाऊँगा।*	*मैं ... खाऊँगी।*

(d) Wie bildet und verwendet man das Futur?

(e) Bilden Sie Sätze und verwenden Sie sie in Gesprächen.

आज क्लास के बाद   आज दोपहर को   आज शाम को
कल सुबह   कल दिन में   कल शाम को   इस शनिवार को

- आप आज क्लास के बाद क्या करेंगे ?
- आपके सहपाठी आज क्लास के बाद क्या करेंगे ?

15.2 Bilden Sie Sätze. In welchen Kontexten könnten Sie diese verwenden?

(a) ***Morgens***

उठना	नहाना	तैयार होना	चाय बनाना	खाना खाना	निकलना

1. हम — *हम उठेंगे।*
   सभी
   ...

2. हम — *हम उठ जाएँगे।*
   वह
   ...

3. हम — *हम जल्दी उठेंगे,*
   मेरी बहन — *– क्योंकि सुबह छह बजे टैक्सी आएगी।*
   ...

(b) ***Nach dem Unterricht***

कैंटीन जाना	कॉफ़ी पीना	पुस्तकालय में पढ़ना
किताबें वापस करना	अपने दोस्तों से मिलना	

1. हम — *(क्लास से पहले) हम कैंटीन गए।*
   वे दोनों
   ...

2. मैं — *(क्लास के बाद) मैं कैंटीन जाऊँगी।*
   सब
   ...

(c) ***Essen und Trinken***

पानी	चाय	कॉफ़ी	कोल्ड ड्रिंक	जूस	लस्सी	*पीना*
आइसक्रीम	समोसे	पकोड़े	जलेबी	चॉकलेट		*खाना*

1. खाना / पीना चाहना — *आप पानी पीना चाहेंगे ?*
2. खाना / पीना — *(क्या तुम) पानी पियोगी ?*
3. लेना, मँगवाना — *तुम क्या लोगी ?*
   – मैंने पानी मँगवाया ।

(d) ***Nächste Woche fahren wir nach Indien.***

भारत जाना	दिल्ली में रुकना	दिल्ली से आगरा जाना
वहाँ ताज महल देखना	राजस्थान जाना	एक राज महल में रहना

हम – *(अगले हफ़्ते) हम भारत जाएँगे ।*

मेरी बहन

मेरी बहन और उसकी सहेली

मेरी बहन अपनी सहेली के साथ

...

(e) ***Wann geht der Flug?***

8:35	8:40	9:20	3:42	4:45

1. का होना — *फ़्लाइट कितने बजे की है ?*
   आठ पैंतीस की ।
2. लैंड होना — *फ़्लाइट कितने बजे लैंड होगी ।*
   ठीक नौ बजकर बीस मिनट पर ।

15.3 *Die Hochzeit von Rajivs Cousine*

(a) Lesen Sie die Frage und sprechen Sie miteinander.

आप पिछली बार किसी की शादी में कब गए ?

(b) Lesen Sie den Text.

नानिहाल में शादी

राजीव 21 साल का है । उसका घर इंदौर में है, लेकिन आजकल वह भोपाल में पढ़ता है ।
नवंबर में उसके मामा की बेटी की शादी है, इसलिए वह अगले हफ़्ते अपने नाना के गाँव जाएगा । शादी में राजीव अपने सभी भाई-बहनों से भी मिलेगा । अच्छा खाना होगा । शादी की शाम को बरात आएगी और अगली सुबह दुल्हन की विदाई होगी । और फिर सब पूछेंगे कि राजीव की शादी कब होगी ...

(c) ***Was würde Rajiv selbst sagen?* – Formulieren Sie den Text um.**

(d) Antworten Sie auf diese Fragen.

1. राजीव की उम्र क्या है ?
2. वह आजकल कहाँ रहता है ?
3. वह अपने ननिहाल क्यों जा रहा है ?
4. शादी में क्या-क्या होगा ?

(e) Stellen Sie selbst Fragen zum Text. Fassen Sie den Text dann in eigenen Worten zusammen.

(f) Bestimmen Sie alle Verbalkonstruktionen und erklären Sie ihre Verwendung.

(g) Übersetzen Sie den Text.

(h) Lesen Sie die Frage und sprechen Sie miteinander.

आपकी शादी कब होगी ?

15.4 *Wichtige Verben*

(a) Bilden Sie Verbalkonstruktionen im Futur und übersetzen Sie sie.

1. आना (1. Pl. m.) 2. जाना (2. Pl. f.) 3. होना (3. Sg. m.) 4. करना (1. Sg. f.)

(b) Bilden Sie die entsprechenden Verbalkonstruktionen in anderen Zeiten:

Futur (neutral)	हम आएँगे	wir werden kommen
Futur (intensiviert)		
Präsens (neutral)		
Präsens (intensiviert)		
Progressiv		
Präteritum (neutral)		
Präteritum (intensiviert)		

15.5 *60-70* – Was bedeuten diese Zahlen?

साठ बासठ छियासठ चौंसठ सत्तर उनहत्तर
इकसठ तिरसठ पैंसठ सरसठ अड़सठ

60 ______
61 ______
62 ______
63 ______
64 ______
65 ______
66 ______
67 ______
68 ______
69 ______
70 ______

15.6 ***Freizeitpläne***

(a) Lesen Sie die Fragen und sprechen Sie miteinander.

- पिछली बार आप अपने दोस्तों से कब और कहाँ मिले ?
- आपने तब क्या-क्या किया ?

(b) Welche Ausdrücke gehören zusammen?

फ़ोन	खाना
चाय	करना
पिज़्ज़ा	चलना
साथ	पीना

(c) Bilden Sie Verbalkonstruktionen im Futur.

1. मैं अभी कुछ काम कर रही हूँ।
   – क्या तुम थोड़ी देर बाद फ़ोन (करना) ______________ ?
2. मैं अभी चाय बना रही हूँ।
   – क्या तुम भी (पीना) ______________ ?
3. हम अभी पिज़्ज़ा ऑर्डर कर रहे हैं।
   – क्या तुम भी (खाना) ______________ ?
4. हम आज शाम को फ़िल्म देखने जा रहे हैं।
   – क्या तुम भी साथ (चलना) ______________ ?

(d) Lesen Sie die Fragen und sprechen Sie miteinander.

- अगली बार आप अपने दोस्तों से कब और कहाँ मिलेंगे ?
- तब आप क्या करेंगे ?

(e) Bilden Sie Sätze wie in (c) und verwenden Sie sie in einem Gespräch.

16 सोलहवाँ अध्याय

16.1 Gerundiv-Konstruktion

(a) Lesen Sie die Frage und sprechen Sie miteinander.

आप शाम को क्या करते हैं ?

(b) ***Was macht man abends?*** **– Was bedeuten diese Ausdrücke?**

सब्ज़ियाँ लेना	बर्तन धोना	खाना बनाना
पढ़ाई करना	माँ को फ़ोन करना	जल्दी सोना

(c) ***Was müssen wir heute Abend machen?*** **– Bilden Sie Sätze nach dem Beispiel:**

आज शाम को हमें क्या-क्या करना है ?

हमें सब्ज़ियाँ लेनी हैं।

हमें ...

(d) Wie bildet und verwendet man die Gerundivkonstruktion?

(e) Bilden Sie Sätze und verwenden Sie sie in Gesprächen.

आज क्लास के बाद	आज दोपहर को	आज शाम को	
आज शाम तक	कल	इस हफ़्ते में	अगले हफ़्ते	इस साल

- आज क्लास के बाद आपको क्या-क्या करना है ?
- आज क्लास के बाद आपके सहपाठियों को क्या-क्या करना है ?

16.2 **Bilden Sie Sätze. In welchen Kontexten könnten Sie diese verwenden?**

(a) ***Morgen müssen wir früh aufstehen.***

उठना	तैयार होना	नाश्ता करना	निकलना	बस लेना	पहुँचना

1. हम — *हमें उठना है।*
   तुम
   ...

2. मैं — *कल बहुत काम है,*
   वह — *– इसलिए मुझे जल्दी उठना है।*
   ...

(b) ***Wir müssen noch Trinkwasser bestellen.***

कपड़े धोना	कपड़े सूखने डालना	कमरे में झाड़ू लगाना
पीने का पानी मँगवाना	गैस का सिलेंडर मँगवाना	सामान लेना

हम — *1. हमें कपड़े धोने हैं।*
तुम — *2. हम कपड़े धो रहे हैं।*
... — *3. मैंने कपड़े धोए (धो लिए)।*

4. करना, बाक़ी होना — *अभी बस कपड़े धोना बाकी है।*
5. करना, बचना — *अभी बस कपड़े धोना बचा है। /*
   अभी बस कपड़े धोने बचे हैं।

(c) ***Jemandem etwas sagen / fragen / erzählen / zeigen müssen***

मैं / आप	मैं / वह	मैं / तुम	वह / तुम	हम / आप

1. किसी से बात करना — *मुझे आपसे बात करनी है।*
2. किसी से कुछ पूछना — *मुझे आपसे कुछ पूछना है।*
3. किसी को कुछ बताना — *मुझे आपको कुछ बताना है।*
4. किसी को कुछ दिखाना — *मुझे आपको कुछ दिखाना है।*

(d) ***Weil, deshalb***

टिकट खरीदना	बैग पैक करना	जल्दी सोना	पाँच बजे उठना

1. शर्मा जी — *शर्मा जी को टिकट खरीदनी है,*
   वह — *– क्योंकि वे कल काम से लुधियाना जा रहे हैं।*
   ...

2. शर्मा जी — *काम से शर्मा जी कल लुधियाना जा रहे हैं।*
   मैं — *– इसलिए उनको टिकट खरीदनी है।*
   ...

(e) ***Wie soll ich den Tee machen?***

चाय	रोटी	राजमा चावल	ज़ीरा आलू	रायता

1. (लोग) — *चाय कैसे बनाते हैं ?*
2. तुम — *तुम चाय कैसे बनाती हो (बनाओगी) ?*
3. चाय — *चाय कैसे बनानी है ?*

16.3 *Heute hat Manu Geburtstag*

(a) Lesen Sie die Frage und sprechen Sie miteinander.

आप अपना जन्मदिन कैसे मनाते हैं ?

(b) Lesen Sie den Text.

मनु का जन्मदिन

मनु पटना में रहता है और पटना विश्वविद्यालय से बी.आर्क. कर रहा है। कल उसका जन्मदिन है। मनु इक्कीस का हो जाएगा।

उसके दोस्त मनीष और जितेंद्र उसके लिए एक पार्टी प्लैन कर रहे हैं। प्लैन यह है, कि क्लास के बाद सभी लोग एक साथ चिड़ियाघर जाएँगे और मनु का जन्मदिन वहाँ मनाएँगे। कल क्लास से पहले उनको केक और मोमबत्तियाँ ख़रीदनी हैं। क्लास के बाद सभी लोगों को चिड़ियाघर के सामने मिलना है। वहाँ से सब एक साथ जाएँगे।

(c) Antworten Sie auf diese Fragen.

1. मनु कहाँ पढ़ाई करता है ? क्या पढ़ता है ?
2. मनीष और जितेंद्र पार्टी क्यों प्लैन कर रहे हैं ?
3. मनु कितने साल का हो जाएगा ?
4. पार्टी के लिए सब कहाँ जाएँगे ?
5. कल सुबह पार्टी के लिए क्या लेना है ?

(d) Stellen Sie selbst Fragen zum Text. Fassen Sie den Text dann in eigenen Worten zusammen.

(e) Bestimmen Sie alle Verbalkonstruktionen und erklären Sie ihre Verwendung.

(f) Übersetzen Sie den Text.

(g) Was sehen Sie auf dem Bild? Erzählen Sie.

(h) Was machen die Leute auf den Bildern? – Sprechen Sie miteinander.

मोमबत्ती बुझाना	ताली बजाना	केक काटना	केक खिलाना
चेहरे पर केक लगाना	फ़ोटो खींचना	मज़े करना	

इन तस्वीरों में क्या हो रहा है ?

(i) Fragen für Gespräche

- आपने अपना पिछला जन्मदिन कैसे मनाया ?
- आप अपने किसी बहुत खास जन्मदिन के बारे में बताइए।
- आप अपना अगला जन्मदिन किस तरह मनाना चाहते हैं ?

16.4 *Der Geburtstag meiner Mutter*

(a) Pronomen im Dativ – Ergänzen Sie die Tabelle.

Singular		Plural	
Rektus	Dativ	Rektus	Dativ
मैं ich	मुझे mir	हम	
तू		तुम	
यह		ये	
वह		वे	

(b) *Am Morgen* – Was bedeuten diese Ausdrücke?

सुबह जल्दी उठना घर साफ़ करना घर सजाना स्टेशन जाना
केक का ऑर्डर देना भाई को घर छोड़ना कॉलेज पहुँचना

(c) Ergänzen Sie die fehlenden Wörter.

1. कल मेरी माँ का जन्मदिन है। मुझे सुबह जल्दी ________ ।
2. सबसे पहले मुझे घर साफ़ ________ और ________ ।
3. उसके बाद मुझे अपने बड़े भाई को लेने स्टेशन ________ ।
4. रास्ते में मुझे शाम के लिए केक का ऑर्डर ________ ।
5. फिर मुझे अपने भाई को घर ________ ।
6. मुझे ग्यारह बजे तक कॉलेज ________ ।

(d) Formulieren Sie den Text so um, dass er einer anderen Person gilt.

मुझे तुझे इसे उसे हमें तुम्हें इन्हें उन्हें आपको

कल उसकी माँ का जन्मदिन है। उसे सुबह जल्दी ...

16.5 *Tee*

(a) Lesen Sie die Fragen und sprechen Sie miteinander:

- क्या आप चाय कॉफ़ी वगैरह पीते हैं ?
- दिन में कितनी बार पीते हैं ?

(b) Was bedeuten diese Ausdrücke?

पानी उबालना   इलायची पीसना   इलायची पानी में डालना
चाय की पत्ती डालना   दूध डालना   चीनी डालना
सब मिलाकर उबालना   गरम-गरम पेश करना

(c) *Wie macht man Tee?* – Bilden Sie Sätze.

चाय

पहले	*पानी उबालना है।*
फिर	...
उसके बाद	
आखिर में	

(d) Lesen Sie die Frage und sprechen Sie miteinander:

आप चाय या कॉफ़ी कैसे बनाते हैं ?

16.6 *Was muss ich während des Semesters erledigen?*

(a) Bringen Sie die Monatsnamen in die richtige Reihenfolge.

अप्रैल	जनवरी	जून	फ़रवरी	मई	मार्च
अक्तूबर	अगस्त	जुलाई	दिसंबर	नवंबर	सितंबर

(b) Unterhalten Sie sich mit Ihrem Partner.

जनवरी के बाद कौन-सा महीना आता है ?

फ़रवरी से पहले क्या आता है ?

जनवरी और मार्च के बीच कौन-सा महीना आता है ?

...

(c) Was bedeuten diese Ausdrücke?

कोर्स में दाखिला लेना	फ़ीस जमा कराना	नया कमरा ढूँढ़ना
पढ़ाई करना	प्रोजेक्ट पर काम करना	परीक्षाएँ देना

(d) Ergänzen Sie die fehlenden Wörter.

1. जून तक कोर्स में दाखिला ________________ ।
2. जुलाई में फ़ीस जमा ________________ ।
3. जुलाई में ही नया कमरा ________________ ।
4. अगस्त से रोज़ पढ़ाई ________________ ।
5. अगस्त से अक्तूबर तक प्रोजेक्ट पर काम ________________ ।
6. नवंबर में परीक्षाएँ ________________ ।

(e) Lesen Sie die Frage und sprechen Sie miteinander:

आपको अगले सत्र में क्या-क्या करना है ?

17 सत्रहवाँ अध्याय

17.1 Nomen-Verbgefüge

(a) Lesen Sie die Frage und sprechen Sie miteinander.

आप घर पर क्या-क्या करते हैं ?

(b) Was bedeuten diese Postpositionen?

में	को (3x)	के लिए	के	की (3x)

(c) *Was macht Shila samstags?* – Wählen Sie Postpositionen und bilden Sie Sätze.

घर का काम

1. शीला / घर का काम / अपनी सास / मदद / करना
2. सुबह / वह / अपना भतीजा / स्कूल / तैयार / करना
3. फिर / वह / रसोई / सारे बर्तन / साफ़ / करना
4. दोपहर / वह / सभी कमरे / सफ़ाई / करना
5. रात / वह / अगला दिन / तैयारी / करना

(d) Wie bildet und verwendet man Verbgefüge?

(e) Lesen Sie die Fragen und sprechen Sie miteinander:

- आपके यहाँ घर के काम कौन-कौन करते हैं ?
- क्या आप घर के कामों में हाथ बटाते हैं ?
- आपके घर में खाना कौन बनाता है ? सफ़ाई कौन करता है ?

17.2 Bilden Sie Sätze. In welchen Kontexten könnten Sie diese verwenden?

(a) *Hindi lernen*

हिंदी – पढ़ाई करना	हिंदी बोलना – अभ्यास करना
पाठ – अनुवाद करना	परीक्षा – तैयारी करना

-	*1. हिंदी की पढ़ाई करना*
वह	*2. वह हिंदी की पढ़ाई कर रहा है।*
मैं	*3. उसने हिंदी की पढ़ाई की।*
...	*4. उसे हिंदी की पढ़ाई करनी है।*

(b) *Putzen, richten, vorbereiten, übersetzen*

कमरा – साफ़ / पूरा घर – सफ़ाई
गद्दी – ठीक / साइकिल – मरम्मत
मसाले – तैयार / दावत – तैयारी
एक पाठ – अनूदित / पुस्तक – अनुवाद

1.	मैं	*मैंने कमरा साफ़ किया।*
	सचिन	*– पूरे घर की सफ़ाई मैं कल करूँगा।*
	...	
2.	-	*कमरा साफ़ हुआ,*
		– घर की सफ़ाई अभी बाकी है।

(c) ***Helfen, versuchen***

काम ढूँढ़ना	काम पूरा करना	पैसे कमाना	पैसे बचाना

मैं *1. मैं काम ढूँढ़ने की कोशिश करूँगा।*

वे *2. मैंने काम ढूँढ़ने की कोशिश की।*

... *3. मेरी काम ढूँढ़ने की कोशिश रहेगी।*

मैं – वह *4. मैं उसकी (काम ढूँढ़ने में) मदद करूँगा।*

वह – यह *5. मैंने उसकी (काम ढूँढ़ने में) मदद की।*

... *6. उसको (काम ढूँढ़ने में) (मुझसे) मदद मिली।*

(d) ***Arbeit in einer Werkstatt***

गुरमीत – यह गाड़ी	हरप्रीत – वह गाड़ी	सोहेल – बाइक
हरीश – स्कूटर	मनिंदर – ऑटो	अली – ट्रक

ठीक करना *1. गुरमीत यह गाड़ी ठीक कर रहा है।*

2. गुरमीत ने यह गाड़ी ठीक की।

मरम्मत करना *3. गुरमीत इस गाड़ी की मरम्मत कर रहा है।*

4. गुरमीत ने इस गाड़ी की मरम्मत की।

मरम्मत, होना *5. इस गाड़ी की मरम्मत हो रही है।*

6. इस गाड़ी की मरम्मत हुई।

17.3 *Ashwinis Ferien*

(a) **Lesen Sie die Frage und sprechen Sie miteinander.**

आप छुट्टियों में क्या-क्या करते हैं ?

(b) **Lesen Sie den Text.**

अश्विनी

अगले हफ़्ते अश्विनी गर्मियों की छुट्टियों के लिए भारत जा रही है । इस बार वह डेढ़ साल बाद अपने घर जाएगी । इस हफ़्ते इसलिए उसे जाने की तैयारी करनी है ।

कल वह अपनी सहेली के साथ मॉल गई और उसने अपने लिए कुछ गर्मियों के कपड़े खरीदे । साथ ही उसने सबके लिए कुछ न कुछ लिया । इस बीच उसने अपने घरवालों से बात की और पूछा कि उनके लिए और क्या लाना है ।

कल उसे अपने कमरे की सफ़ाई भी करनी है । उसके बाद बस पैकिंग करना रह जाएगा । अश्विनी बहुत ख़ुश है कि इन गर्मियों में वह अपने घरवालों से मिलेगी ।

(c) ***Was würde Ashwini selbst sagen?* – Formulieren Sie den Text um.**

(d) **Antworten Sie auf diese Fragen.**

1. अश्विनी कहाँ जाने की तैयारी कर रही है ?
2. पिछली बार वह घर कब गई ?
3. जाने की तैयारी के लिए उसने कल क्या-क्या किया ?
4. अभी और क्या करना बाक़ी है ?

(e) **Stellen Sie selbst Fragen zum Text. Fassen Sie den Text dann in eigenen Worten zusammen.**

(f) **Bestimmen Sie alle Verbalkonstruktionen und erklären Sie ihre Verwendung.**

(g) **Übersetzen Sie den Text.**

17.4 *Prüfungsvorbereitungen*

(a) Lesen Sie die Fragen und sprechen Sie miteinander.

- आपने पिछली बार परीक्षा कब दी ?
- इसके लिए आपने तैयारी कैसे की ?

(b) Was bedeuten diese Ausdrücke?

देर रात तक पढ़ना	पाठ ठीक से समझना	पाठ दोहराना
पाठ का सारांश लिखना	पाठ का रट्टा मारना	फ़र्रे बनाना

(c) ***Verschiedene Arten, auf Prüfungen zu lernen.*** **– Bilden Sie Sätze.**

1. सभी लोग / कोई न कोई परीक्षा / पास / होना
2. बहुत लोग / अकेले / पढ़ना
3. कई लोग / अपने दोस्त / पढ़ाई / करना
4. कुछ लोग / पाठ / ठीक / समझना / और फिर / वह / सारांश / लिखना
5. कुछेक लोग / परीक्षा / एक रात पहले / रट्टा / मारना
6. इक्के-दुक्के लोग / फ़र्रे भी / बनाना

(d) ***Tipps*** **– Ergänzen Sie die fehlenden Verben im Imperativ.**

रखना	डालना	लगाना	देना	करना

1. अध्यापक की बातों पर ध्यान *दीजिए* !
2. रोज़ क्लास के बाद पढ़ने की आदत ______________ !
3. परीक्षा के प्रश्नों का पहले से ही अंदाज़ा ______________ !
4. सही समय पर तैयारी करना शुरू ______________ !
5. खुद पर भरोसा ______________ !

17.5 ***Ein Arbeitstag***

(a) **Lesen Sie die Fragen und sprechen Sie miteinander.**

- क्या आप कहीं काम करते हैं ?
- अगर हाँ, तो आप वहाँ दिन भर क्या करते हैं ?

(b) **Was bedeuten diese Ausdrücke? Wie verwendet man sie?**

शुरू करना	बंदोबस्त करना	बंद करना	खत्म होना

(c) ***Was macht Suresh, wenn er arbeitet?*** **– Bilden Sie Sätze.**

1. सुरेश / सुबह / काम / शुरू करना
2. दस बजे / वह / दुकान का शटर / खोलना
3. सबसे पहले / वह / माल / बंदोबस्त करना
4. फिर / वह / ग्राहक / सामान / बेचना
5. नौ बजे / वह / दुकान का शटर / बंद करना
6. और / यह तरह / सुरेश / दिन / खत्म होता

17.6 ***70-80*** **– Was bedeuten diese Zahlen?**

सत्तर अस्सी उनासी इकहत्तर तिहत्तर पचहत्तर
बहत्तर चौहत्तर छिहत्तर सतहत्तर अठहत्तर

70 ____________ 76 ____________

71 ____________ 77 ____________

72 ____________ 78 ____________

73 ____________ 79 ____________

74 ____________ 80 ____________

75 ____________

18 अठारहवाँ अध्याय

18.1 Die affektive Satzausrichtung

(a) Lesen Sie die Frage und sprechen Sie miteinander.

आप किस पर सबसे ज़्यादा भरोसा करते हैं ?

(b) *Gefühle* – Was bedeuten diese Wörter?

प्यार	मुहब्बत	भरोसा	लालसा	नफ़रत	डर

(c) Ergänzen Sie die fehlenden Wörter.

भावनाएँ

हर प्रेमी को अपनी प्रेमिका से ________ होती है,
हर किसी को अपने दुश्मन से ________ होती है।
हर माँ को अपने बच्चों से ________ होता है,
और हर बच्चे को अपनी माँ पर ________ होता है।
हर किसी को अपनी मनमर्ज़ी करने की ________ होती है,
लेकिन सभी को बदनामी का ________ होता है।

(d) Wie bildet und verwendet man Affektivkonstruktionen?

(e) Fragen für Gespräche

- आपको क्या करना पसंद है ?
- आपको किस चीज़ का सबसे ज़्यादा डर रहता है ?

18.2 Bilden Sie Sätze. In welchen Kontexten könnten Sie diese verwenden?

(a) *Gefühle*

मैं – वह	वह – मैं	वह – यह	तुम – यश
यश – शगुन	आलिया – रणबीर	...	

1. प्यार करना — *मैं उससे प्यार करती हूँ।*
2. प्यार, होना — *मुझे उससे प्यार है।*
3. प्यार, हो जाना — *मुझे उससे प्यार हो गया।*

4. नफ़रत करना — *मैं उससे नफ़रत करता हूँ।*
5. नफ़रत, होना — *मुझे उससे नफ़रत है।*

6. भरोसा करना — *मैं उस पर भरोसा करता हूँ।*
7. भरोसा, होना — *मुझे उस पर भरोसा है।*
8. भरोसा रखना — *मैं उसकी बात पर भरोसा रखता हूँ।*

9. डरना — *मैं उससे डरता हूँ।*
10. डर, लगना — *मुझे उससे डर लगता है।*
11. डर, होना — *मुझे उसका डर है।*

(b) ***Wissen***

हम	मैं	वह	वे	राहुल	सभी	...

1. लगना — *हमें लगता है कि सब ठीक है।*
2. यक़ीन, होना — *हमें यकीन है कि सब ठीक है।*

3. पता करना — *हमने (यह) पता किया।*
4. पता लगाना — *हमने इसका पता लगाया।*

5. पता लगना — *हमें (यह) पता लगा।*
6. पता चलना — *हमें (यह) पता चला।*
7. जानकारी, मिलना — *हमें (इसके बारे में) जानकारी मिली।*

8. पता होना — *हमें (यह) पता है।*
9. मालूम होना — *हमें (यह) मालूम है।*
10. जानना — *हम (यह) जानते हैं।*

(c) ***Warten***

मैं – तुम	वह – आप	हम – वह	यश – शगुन	...

1. इंतज़ार करना — *मैं तुम्हारा इंतज़ार करूँगा।*
2. इंतज़ार, होना — *तुम्हारा ही इंतज़ार हो रहा है।*
3. इंतज़ार, रहना — *मुझे तुम्हारा इंतज़ार रहेगा।*

(g) ***Beim Einkaufen***

खाने-पीने का सामान	मसाले	मिठाइयाँ	साबुन तेल वगैरह	
कपड़े	जूते	दवाइयाँ	लैपटॉप स्मार्टफ़ोन वगैरह	किताबें

1. चाहिए — *हमें खाने-पीने का सामान चाहिए।*

2. मिलना — *खाने पीने का सामान उस दुकान में मिलता है। / हमें खाने-पीने का सामान उस दुकान में मिला।*

(h) ***Auf dem Markt***

मिर्च	लहसुन	अदरक	प्याज़	धनिया	हल्दी

1. चाहिए — *तड़का लगाने के लिए मिर्च चाहिए।*
2. मिलना — *मिर्च कहाँ मिलती है ? – सब्ज़ी मंडी में।*
3. देर, लगना — *मिर्च लाने में तुम्हें कितनी देर लगेगी ? – मुश्किल से पाँच मिनट।*

(i) ***In einem Buchladen***

शब्दकोश	व्याकरण की किताब	भारत का नक्शा	कहानी संग्रह

1. चाहिए — *मुझे एक शब्दकोश चाहिए।*
2. कितने का होना — *यह शब्दकोश कितने का है ?*
3. लगना — *वह शब्दकोश मुझे ठीक (महँगा) लग रहा है।*
4. पसंद आना — *यह शब्दकोश मुझे पसंद आया।*
5. पसंद होना — *यह शब्दकोश मुझे पसंद है।*

6. मिलना — *यह शब्दकोश मुझे वहाँ से मिला।*

18.3 ***Wo kauft Ritika ein?***

(a) **Lesen Sie die Frage und sprechen Sie miteinander.**

- आपके घर के पास कौन-सी दुकानें हैं ?
- आप खरीदारी कहाँ से करते हैं ?

(b) **Lesen Sie den Text.**

खरीदारी

रितिका अलग-अलग जगहों से घर का सामान खरीदती है । ताज़ी सब्ज़ी वह सब्ज़ी मंडी से लेती है । सब्ज़ी मंडी शाम को उसके घर के पास ही लगती है । हफ़्ते में एक बार उसके घर से थोड़ी दूर हाट भी लगती है । वहाँ कपड़े, कालीन, खिलौने, बर्तन जैसा सामान मिल जाता है ।

चौक पर परचून की दुकानें हैं, जहाँ पर साबुन, तेल, अंडे और चाय की पत्ती मिलती है । आटा और चावल भी वहीं मिलता है । कभी कभी रितिका हलवाई की दुकान पर जाती है और वहाँ घर के लिए समोसे और जलेबी खरीद लेती है ।

(c) **Antworten Sie auf diese Fragen.**

1. रितिका के घर के पास ताज़ी सब्ज़ी कहाँ मिलती है ?
2. क्या सब्ज़ी मंडी सुबह सुबह लगती है ?
3. हाट में क्या-क्या मिलता है ?
4. परचून की दुकान पर क्या-क्या मिलता है ?
5. समोसे किसकी दुकान पर बिकते हैं ?

(d) **Bestimmen Sie alle Affektivkonstruktionen und erklären Sie ihre Verwendung.**

(e) **Übersetzen Sie den Text.**

18.4 ***Mir, dir ihm, ...* – Welche Formen entsprechen einander? Worin unterscheiden sich die Dativformen im Singular und Plural?**

मुझको	उसे
तुझको	मुझे
उसको	हमें
हमको	तुझे
तुमको	उन्हें
उनको	तुम्हें

18.5 ***Brauchen und bekommen***

(a) Doppelung – Bilden Sie Sätze und verwenden Sie sie in Gesprächen.

खाने-पीने का सामान	मसाले-वसाले	मिठाइयाँ-विठाइयाँ	
सब्ज़ी-वब्ज़ी	साबुन तेल वगैरह	कपड़े-वपड़े	जूते-वूते

- आप खाने-पीने का सामान कहाँ से खरीदते हैं ?
- आप खाने-पीने का सामान हफ़्ते में / महीने में / साल में कितनी बार खरीदते हैं ?

(b) Übersetzen Sie.

1. Wir brauchen Sachen. 2. Deshalb gehen ich zum Markt. 3. Reis bekomme ich in («von») einem Geschäft. 4. Milch und Panir bekomme ich in («von») einem anderen Geschäft. 5. Gewürze bekomme ich auf dem («vom») Markt. 6. Auch Gemüse bekomme ich auf dem Markt. 7. Manchmal gehe ich zum Markt. 8. Manchmal geht mein Bruder zum Markt. 9. Der Markt ist nicht weit von unserem Haus entfernt.

(c) Sie wollen etwas kochen. Was brauchen Sie dafür? Schreiben Sie einen Einkaufszettel, überlegen Sie, wo Sie die Sachen bekommen und tauschen Sie sich aus.

(d) ***Freunde beim Einkaufen. Wer braucht was?* – Ergänzen Sie im Futur.**

1. हम बाज़ार जा रहे हैं। (मैं)________ साबुन चाहिए।
साबुन अंकल की दुकान पर (मिलना) ______________ ।
2. (अमितेश)______________ ब्रश चाहिए।
ब्रश भी अंकल की दुकान पर ही (मिल जाना) ______________ ।
3. (अशोक)______________ शैंपू की बड़ी बोतल चाहिए।
वह तो बाज़ार में ही (मिलना) ______________ ।
4. और (प्रवीण)______________ सिगरेट चाहिए।
सिगरेट पनवाड़ी के खोखे पर (मिलना) ______________ ।

(e) ***Frisch verliebt beim Einkaufen* – Ergänzen Sie.**

पसंद हैं	लगता है	लगती हूँ	लगती हूँ	लगती है	लगते हैं

1. यह घड़ी तुम्हें कैसी ______________ ?
2. इस साड़ी में मैं तुम्हें कैसी ______________ ?
3. उस साड़ी में मैं कैसी ______________ ?
4. क्या ये सोने के कंगन तुम्हें ______________ ?
5. क्या तुम्हें मेरे साथ खरीदारी करना अच्छा ______________ ?
6. – बहुत अच्छा लगता है, पर मेरे बहुत पैसे भी ______________ ।

(f) **Fragen für Gespräche**

- आप पिछली बार किसी के साथ खरीदारी करने कब गए ?
- किसके साथ ? कब ? कहाँ ? क्या खरीदने ?

18.6 *Die Liebe*

(a) ***Wer liebt wen?*** **– Verbinden Sie die Namen.**

लैला	रोमियो
जोधा	मजनूँ
जूलिएट	राम
राधा	कृष्ण
सीता	अकबर

(b) **Bilden Sie Sätze nach dem Beispiel.**

लैला मजनूँ से प्यार करती है। ...

लैला को मजनूँ से प्यार है। ...

(c) **Unterhalten Sie sich mit Ihrem Nachbarn. Raten Sie, wen er oder sie liebt. Es darf auch gelogen werden.**

क्या आपको ऋतिक रोशन से प्यार है ?

– हाँ / नहीं / पता नहीं, शायद है / ...

– मैं बताना नहीं चाहता हूँ / इसके बारे में बात नहीं करते हैं / ...

18.7 Fragen für Gespräche

- आप किस चीज़ को सबसे ज़्यादा पसंद करते हैं ?
- आप किस चीज़ को सबसे ज़्यादा नापसंद करते हैं ?

19 उन्नीसवाँ अध्याय

19.1 Haben

(a) Lesen Sie die Frage und unterhalten Sie sich.

क्या आपके पास ड्राइविंग लाइसेंस है ?

(b) *Ich habe …* – Was bedeuten diese Wörter?

अच्छे दोस्त	बहुत काम	एक नया फ़ोन	क्रेडिट कार्ड
पैसों की चिंता नहीं	एक साइकिल	अच्छी ज़िंदगी	खुशी

(c) Bilden Sie Sätze.

मेरे पास … है	मेरा … है	मुझे … है

(d) Wie umschreibt man 'haben'?

(e) Lesen Sie die Frage und sprechen Sie miteinander.

आप अपनी ज़िंदगी के बारे में बताइए !

19.2 Bilden Sie Sätze. In welchen Kontexten könnten Sie diese verwenden?

(a) *Verwandte haben*

बहन	दो भाई	भतीजा	भाँजा
हर जगह रिश्तेदार	एक जिगरी दोस्त	बहुत-सारी सहेलियाँ	

1. मैं, एक बहन — *मेरी बहन है। (मेरे बहन है।)*
   वह, भाँजा
   मेरा दोस्त, दो भाई
   ...

2. तुम, बहन — *क्या तुम्हारी बहन है ?*
   वह, भतीजा — *– नहीं, मेरी कोई बहन नहीं है।*
   ...

(b) *Viel Geld haben*

बहुत पैसे	महँगे-महँगे कपड़े	बहुत-सारे गहने	नौलखा हार
तीन गाड़ियाँ	दो बड़ी हवेलियाँ	सब कुछ	

मैं — *1. मुझे बहुत पैसे चाहिए। (चाहिए थे)*

वह — *2. मेरे पास बहुत पैसे हैं।*

राहुल — *3. मेरे पास बहुत पैसे थे।*

मंत्री जी की पत्नी

...

(c) ***Schmerzen haben***

दर्द	सिरदर्द	ज़ुकाम	बुखार	खाँसी

वह, दर्द	*1. उसे दर्द है।*
आकांक्षा, खाँसी	*2. क्या उसकी तबियत अब बेहतर है ?*
...	*– नहीं, अभी भी दर्द है।*
	3. उसकी तबियत कैसी है ?
	– अब ठीक है। पहले दर्द था।

(d) ***Mut haben***

हिम्मत	ताकत	सब्र	धीरज

मैं, हिम्मत	*1. मुझमें हिम्मत है।*
सचिन, सब्र	*2. मुझमें अब हिम्मत नहीं है।*
...	

(e) ***Ein Haustier haben***

कुत्ता	तोता	कछुआ	खरगोश	बिल्ली

मैं, कुत्ता	*1. हमारे घर में कुत्ता है।*
वह, बिल्ली	*2. मैंने कुत्ता पाला है।*
मेरी सहेली, तोता	*3. मेरे पास (घर में) कुत्ता है।*
...	*4. मेरा कुत्ता है।*

19.3 *Yakshap*

(a) Lesen Sie die Frage und sprechen Sie miteinander.

जब आप अपने घर जाते हैं, तो आप कैसे समय बिताते हैं ?

(b) Was sehen Sie auf dem Bild?

(c) *Was hat Yakshap?* – Lesen Sie diese Ausdrücke und bilden Sie Sätze nach dem Beispiel.

देहरा में घर — घर का नाम – टूटू — एक बड़ी बहन

एक बड़ा भाई — एक पिल्ला — कई दोस्त

एक काली मोटर साइकिल — आजकल गर्मियों की छुट्टियाँ

यक्षप का देहरा में घर है।

...

(d) **Lesen Sie den Text.**

यक्षप

यक्षप का घर हिमाचल प्रदेश के देहरा ज़िले में है। आजकल वह पंजाब में इंजीनियरिंग की पढ़ाई कर रहा है। इन दिनों वह घर पर अपनी गर्मियों की छुट्टियाँ काट रहा है।

यक्षप का घर का नाम टूटू है। घर पर उसके मम्मी-पापा हैं। उसकी एक बड़ी बहन और एक बड़ा भाई है। इनके अलावा उसके ताऊजी का परिवार भी साथ ही रहता है। और घर में एक पिल्ला भी है।

यक्षप के पास एक काली रॉयल एनफ़ील्ड है। जब भी वह घर आता है, तो वह अपने दोस्तों के साथ मोटर साइकिल पर घूमने जाता है। यक्षप को पहाड़ी रास्तों पर मोटर साइकिल चलाने में बड़ा मज़ा आता है।

(e) ***Was würde Yakshap selbst sagen?* – Formulieren Sie den Text um.**

(f) **Antworten Sie auf diese Fragen.**

1. यक्षप कहाँ का रहनेवाला है ?
2. वह कहाँ पढ़ाई कर रहा है ?
3. आजकल वह क्यों घर पर है ?
4. क्या घर पर सिर्फ़ उसके माँ-बाप रहते हैं ?
5. यक्षप को किस चीज़ का शौक है ?

(g) **Stellen Sie selbst Fragen zum Text. Fassen Sie den Text dann in eigenen Worten zusammen.**

(h) **Bestimmen Sie alle Satzkonstruktionen und erklären Sie ihre Verwendung.**

(i) **Übersetzen Sie den Text.**

19.4 *Menschen*

(a) Fragen für Gespräche

- आप कितने साल के हैं ?
- आपका घर कहाँ हैं ?
- आपके घर में कौन-कौन हैं ?
- आपको घर पर किस नाम से बुलाते हैं ?
- आप आजकल क्या करते हैं ?
- क्या आपको किसी चीज़ का शौक है ?

(b) *Was erzählen diese Menschen über sich?* – Bilden Sie Sätze.

अंकित

1. मैं / नाम / अंकित / होना, मेरे घरवाले / मैं / अंशु / बुलाना
2. मैं / घर / इंदौर / होना
3. आजकल / मैं / भोपाल / पढ़ाई / करना
4. घर / मैं / और / मेरा जुड़वाँ भाई / होना
5. वह / स्कूटर / होना / जो / हम / वीकेंड / शहर / घूमना

दिशिता

1. मैं / नाम / दिशिता / होना
2. मैं / 17 साल / होना
3. मैं / जयपुर / रहनेवाली / होना
4. घर / मेरे माँ-बाप / होना
5. मेरे भाई-बहन / नहीं होना, मैं / इकलौती बेटी / होना
6. मैं / मुंबई या दिल्ली / आगे / पढ़ाई / करना / चाहना

(c) Erzählen Sie über Ankit, Dishita, Simran und Mohit.

	उम्र	घर	परिवार	पढ़ाई / काम
अंकित	*20 साल*	इंदौर	*माँ-बाप, जुड़वाँ भाई*	*कॉलेज से एम.बी.ए.*
दिशिता	*17 साल*	*जयपुर*	*माँ-बाप*	*एम.बी.बी.एस. की तैयारी*
सिमरन	*19 साल*	*लुधियाना*	*माँ-बाप, छोटा भाई*	चंडीगढ़ में बी.एस.सी.
मोहित	*24 साल*	देहरादून	*माँ-बाप, दो भाई*	*दिल्ली में बैंक में नौकरी*

(d) Fragen für Gespräche – Bringen Sie ein Bild von einem Freund oder einer Freundin mit und erzählen Sie.

- आपका दोस्त कितने साल का है ?
- उसका घर कहाँ है ? / वह कहाँ का रहनेवाला है ? / वह कहाँ से आया है ?
- उसके घर में कौन-कौन हैं ? / उसके कितने भाई-बहन हैं ?
- आजकल वह कहाँ रहता है ?
- आजकल वह क्या करता है ?
- क्या उसको किसी चीज़ का शौक है ?

19.5 *Beim Arzt*

(a) Lesen Sie die Frage und unterhalten Sie sich.

आप पिछली बार डॉक्टर के पास कब गए ?

(b) Was bedeuten diese Wörter?

जी	दिक्कत	गैस	डकार	दवाइयाँ	परहेज़

(c) Lesen Sie den Dialog und ergänzen Sie die Wörter.

डॉक्टर के पास

डॉक्टर हाँ जी, क्या ________ है ?

मरीज़ मुझे पेट में बहुत-ज़्यादा ________ बनती है । गैस के साथ खट्टे ________ भी आते हैं । ______ भी मिचलाता है ।

डॉक्टर और कोई दिक्कत ?

मरीज़ नहीं, और कोई दिक्कत नहीं ।

...

डॉक्टर ये कुछ ________ हैं एक महीने की । एक महीने तक खानी हैं । उसके बाद दोबारा आना और बताना है कैसे हो । साथ में कुछ ______ हैं, जो मैं अभी बता रहा हूँ । वह भी करना है ।

(d) Stellen Sie Fragen zum Dialog und fassen Sie ihn dann in eigenen Worten zusammen.

(e) Was bedeuten diese Wörter?

भूख	प्यास	नींद	तनाव	पेशाब	पेट	नशा	बीमारी

(f) *Anamnese* – Lesen Sie die Fragen und finden Sie die passenden Antworten.

1. भूख कैसी लगती है ?
2. प्यास कैसी लगती है ?
3. नींद कैसी आती है ?
4. तनाव है क्या ?
5. पेशाब कैसा आता है ?
6. पेट साफ़ होता है आपका ?
7. आप सिगरेट पीते हैं या कोई नशा करते हैं ?
8. शराब पीते हो आप ?
9. पहले कोई भयंकर बीमारी हुई थी क्या ?

a) ठीक ही लगती है, पानी पी ही लेता हूँ। पाँच-छह गिलास हो ही जाते हैं दिन के। b) नींद अच्छे-से नहीं आती है, बीच-बीच में टूट जाती है। c) हाँ जी, बहुत-ज़्यादा है। नौकरी ही ऐसी है। d) नहीं जी, भूख नहीं लगती है ठीक से। e) पेट अच्छे से साफ़ नहीं होता है, कब्ज़ रहती ही रहती है। f) पेशाब ठीक आता है। g) हाँ जी, पीलिया हुआ था बचपन में। h) कभी-कभी पार्टी में पी लेता हूँ। i) कभी सिगरेट पी लेता हूँ।

(g) Übersetzen Sie diese Sätze.

1. Ich habe Gas im Bauch. 2. Ich habe keinen Appetit. 3. Ich habe Bauchschmerzen. 4. Ich habe auch Kopfschmerzen. 5. Fieber hab ich nicht. 6. Ich hatte vorher keine schwere Krankheit. 7. Ich hab viel Stress auf der Arbeit.

19.6 ***Seelenfrieden***

(a) Lesen Sie die Frage und unterhalten Sie sich.

ज़िंदगी में आपके लिए क्या चीज़ें मायने रखती हैं ?

(b) Was bedeuten diese Ausdrücke? Finden Sie weitere Ausdrücke, stellen Sie sich Fragen nach dem Beispiel und sprechen Sie miteinander.

पैसे गाड़ी अच्छी नौकरी अपने लिए समय सच्चे दोस्त प्यार इज़्ज़त जीवन में संतुलन ...

क्या आपके पास पैसे हैं ?

(c) Bewerten Sie die Aussagen und bilden Sie Sätze nach dem Beispiel:

बिलकुल ज़रूरी नहीं – इतना ज़रूरी नहीं – थोड़ा ज़रूरी – ज़रूरी – काफ़ी ज़रूरी – बहुत ज़रूरी – बिलकुल ज़रूरी

एक अच्छी ज़िंदगी के लिए पैसे होना इतना ज़रूरी नहीं है ।

(d) ***Wieso ist er nicht zufrieden?*** **– Ergänzen Sie den Text.**

उसके पास उसका उसको / उसे

1. ________ बहुत पैसे हैं ।
2. ________ बड़ा घर है ।
3. ________ दो गाड़ियाँ हैं ।
4. ________ कई नौकर हैं ।
5. बस ________ एक चैन नहीं है ।

(e) Lesen Sie die Frage und sprechen Sie miteinander.

आपके हिसाब से एक अच्छी ज़िंदगी के लिए क्या ज़रूरी है ?

20 बीसवाँ अध्याय

20.1 Können

(a) Lesen Sie die Fragen und unterhalten Sie sich.

- क्या आप गाड़ी चलाते हैं ?
- आपके घर में कौन-कौन गाड़ी चलाता है ?

(b) Bestimmen Sie diese Verbalkonstruktionen und ergänzen Sie den Text.

चला सकना	चला पाना	चलाना आना	चलाया जाना

1. मुझे गाड़ी ________ आता है।
2. मैं लगभग हर जगह गाड़ी ________ सकता हूँ।
3. बस पहाड़ों में मैं गाड़ी नहीं ________ पाता।
4. घुमावदार पहाड़ी रास्तों पर मुझसे गाड़ी नहीं ________ जाती।

(c) Wie drückt man 'können' aus?

(d) Fragen für Gespräche

- आपके घर में गाड़ी चलाना सबसे अच्छा किसको आता है ?
- क्या आप कभी अपने घरवालों या दोस्तों के साथ गाड़ी में एक साथ घूमने गए ?

20.2 Bilden Sie Sätze. In welchen Kontexten könnten Sie diese verwenden?

(a) ***Etwas können***

रोटी बनाना	पराँठा बनाना	कपड़े इस्त्री करना
सिलाई-कढ़ाई करना	स्कूटर चलाना	मोटर साइकिल चलाना
क्रिकेट खेलना	सितार बजाना	हाथ देखना

1. मैं, रोटी बनाना — *मैंने रोटी बनाना सीखा ।*
   तुम, स्कूटर चलाना — *(मैंने रोटी बनानी सीखी ।)*
   ...

2. मैं, रोटी बनाना — *मुझे रोटी बनाना आता है ।*
   अजीत, सितार बजाना — *(मुझे रोटी बनानी आती है ।)*
   ...

3. मैं, रोटी बनाना — *मैं रोटी बना सकता हूँ ।*
   लक्ष्मी, पराँठा बनाना — *(अगर तुम चाहते हो, तो –)*
   ... — *(मैं बहुत बढ़िया रोटी बना सकता हूँ ।)*

4. मैं, रोटी बनाना — *(इस वक़्त) मैं रोटी नहीं बना पाऊँगा ।*
   विद्या, कपड़े इस्त्री करना
   ...

(b) ***Etwas übers Herz bringen***

झूठ बोलना	किसी को धोखा देना	किसी का दिल तोड़ना

मैं, झूठ बोलना — *1. मैं झूठ नहीं बोल सकता।*

वह, किसी को धोखा देना — *2. मुझसे झूठ नहीं बोला जाता।*

...

(c) ***Eine Sprache können***

हिंदी	पंजाबी	गुजराती	मराठी	बांग्ला
तेलुगु	कन्नड	तमिल	संस्कृत	

मैं — *1. मैं हिंदी सीख रहा हूँ।*

आप — *2. मुझे(थोड़ी) हिंदी आती है।*

रमोना — *3. मैं (ठीक-से) हिंदी जानता हूँ।*

... — *4. मैं हिंदी में बात कर सकता हूँ।*

(d) ***Kannst Du mir eine Tasse Tee machen?***

चाय बनाना	पकौड़े लाना	समोसे ले आना	जलेबी लाना

कर दो ! — *1. (मेरे लिए) चाय बना दो !*

करोगे ? — *2. (मेरे लिए) चाय बनाओगे ?*

कर सकते हो ? — *3. (मेरे लिए) चाय बना सकते हो ?*

20.3 *Darshans Leidenschaft*

(a) Lesen Sie die Frage und unterhalten Sie sich.

फ़ुर्सत में आप क्या करते हैं ?

(b) Was sehen Sie auf den Bildern?

(c) Lesen Sie den Text.

दर्शन का शौक

दर्शन पंजाब के मोहाली शहर में रहता है और अभी चंडीगढ़ के पी.जी.आई. अस्पताल में लगा है। वहाँ उसका काम है दवाइयों पर शोध करना।

दर्शन का एक ख़ास शौक है – दुनिया भर के खाने बनाना। अब उसे दक्षिण भारत, चीन, मेक्सिको और इटली के खानों में महारत हासिल हो गई है। वह अलग-अलग खानों को मिलाता है और इस तरह नए-नए स्वाद ईजाद होते हैं। जैसा कि आप देख सकते हैं, ऊपर फ़ोटो में चावल के साथ साँभर और खिमची बनी है।

दर्शन का सपना है – एक दिन अपना एक रेस्तराँ खोल पाना। उसे पैसों का कोई लालच नहीं है। उसे बस सबको अलग-अलग किस्म के खाने खिलाने का शौक है।

(d) ***Was würde Darshan selbst sagen?*** **– Formulieren Sie den Text um.**

(e) **Antworten Sie auf diese Fragen.**

1. दर्शन कहाँ रहता है ?
2. वह कहाँ काम करता है ?
3. क्या दर्शन का कोई ख़ास शौक है ?
4. वह कहाँ-कहाँ के खाने बना सकता है ?
5. वह नए-नए स्वाद कैसे ईजाद करता है ?
6. दर्शन का सपना क्या है ?

(f) **Stellen Sie selbst Fragen zum Text. Fassen Sie den Text dann in eigenen Worten zusammen.**

(g) **Bestimmen Sie alle Verbalkonstruktionen und erklären Sie ihre Verwendung.**

(h) **Übersetzen Sie den Text.**

(i) **Fragen für Gespräche**

- आप क्या करना पसंद करते हैं ? / आपको क्या करना पसंद है ?
- क्या आपको खाना बनाना आता है ?
- क्या-क्या बनाना आता है ? / आप क्या-क्या बना सकते हैं ?

20.4 *Hobbies*

(a) Bilden Sie Sätze und verwenden Sie sie in Gesprächen.

तैरना	क्रिकेट खेलना	कबड्डी खेलना	घुड़सवारी
हाथ देखना	चित्रकारी करना	कविताएँ लिखना	
गाने गाना	बाँसुरी बजाना	तबला बजाना	सितार बजाना

- क्या आपको तैरना आता है ?
- आपने तैरना किससे सीखा ?

(b) ***Ich kann Sitar spielen.*** **– Ergänzen Sie die Pronomen.**

मैं (3x)	मैंने	मुझे (2x)

रियाज़

1. ________ हिंदुस्तानी और कर्णाटक संगीत दोनों का शौक है।
2. इसलिए ________ पुरानी दिल्ली से एक सितार खरीदा।
3. अब ________ सितार बजाना सीख रहा हूँ।
4. ________ रोज़ सुबह रियाज़ करता हूँ।
5. ________ लगता है,
6. कि ________ जल्दी सीख जाऊँगा।

(c) Ratespiel – Sagen Sie, dass Sie etwas können oder nicht können. Die anderen raten, ob es stimmt.

मुझे घुड़सवारी करना आता है। सच या झूठ ?

20.5 ***Kannst du mir helfen?***

(a) **Lesen Sie die Frage und unterhalten Sie sich.**

आपको घर पर क्या-क्या काम होते हैं ?

(b) **Ordnen Sie die Ausdrücke der Direktheit nach an.**

	क्या तुम मेरी मदद कर सकते हो ?
	क्या तुमसे कुछ मदद मिल सकती है ?
1	मेरी मदद करो !
	क्या तुम मेरी मदद करोगे ?
	मेरी मदद कर दो !

(c) **Welche Ausdrücke gehören zusammen?**

अपनी माँ	देखभाल करना
अपना छोटा भाई	धोना
कपड़े	घर के कामों में मदद करना
घर का कुछ सामान	बैंक में पूछताछ करना
परीक्षा	ठीक कराना
खाता	तैयारी करना

(d) **Bilden Sie mit den Ausdrücken in (c) Ausdrücke nach dem Beispiel.**

A. *मैं कल नहीं आ सकता हूँ, क्योंकि मुझे कुछ काम है ।*

B. *क्या काम है ?*

A. *कल मुझे घर के कामों में अपनी माँ की मदद करनी है ।*

20.6 *80-90*

(a) Was bedeuten diese Zahlen?

अस्सी तिरासी चौरासी इक्यासी बयासी छियासी
नब्बे पचासी नवासी सत्तासी अट्ठासी

80 ____________ 86 ____________

81 ____________ 87 ____________

82 ____________ 88 ____________

83 ____________ 89 ____________

84 ____________ 90 ____________

85 ____________

(b) *21, 51, 81* – Welche Zahlen gehören zusammen?

इक्कीस	बावन	बयासी
बाईस	तिरपन	*इक्यासी*
तेईस	*इक्यावन*	अट्ठासी
सत्ताईस	अट्ठावन	सत्तासी
अट्ठाईस	सत्तावन	तिरासी

20.7 Fragen für Gespräche

- क्या ऐसा कुछ है, जो आप करना चाहते हैं, लेकिन नहीं कर पाते हैं ?
- क्या ऐसा कुछ है, जो आप करना चाहते थे, लेकिन नहीं कर पाए ?

21	इक्कीसवाँ अध्याय

21.1 Adjektivische Konstruktionen

(a) Lesen Sie die Frage und unterhalten Sie sich.

आप अपने किसी दोस्त के बारे में बताइए।

(b) Was bedeuten diese Wörter? Bilden Sie Ausdrücke nach dem Beispiel.

बाल – छोटा, घना	आँखें – भूरा	चेहरा – खूबसूरत
कंधे – चौड़ा	कद – लंबा	रंग – गेहुआँ

छोटे, घने बाल

...

(c) ***Wie sieht Ihr Freund aus?*** **– Bilden Sie Sätze nach dem Beispiel.**

मेरे दोस्त के छोटे, घने बाल हैं।

उसकी भूरी आँखें हैं।

कंधे चौड़े हैं।

...

(d) Wie werden Adjektive dekliniert und verwendet?

(e) Lesen Sie die Frage und sprechen Sie miteinander.

आप अपने किसी एक दोस्त का हुलिया बताइए।

21.2 Bilden Sie Sätze. In welchen Kontexten könnten Sie diese verwenden?

(a) ***Langes Haar***

बाल – लंबा	आँखें – काला	होंठ – भरा हुआ	
माथा – चौड़ा	गर्दन – नाज़ुक	कमर – पतला	रंग – साँवला

1. लंबे बाल / लंबे से बाल

वह — *2. (उसके) बाल लंबे हैं।*

मैं — *3. (उसके) लंबे बाल हैं।*

मेरी सहेली

...

(b) ***Der schönste Sari***

साड़ी – सुंदर	कुर्ता – लंबा	दुपट्टा – भारी	
शॉल – महँगा	कोट – गरम	चप्पलें – सस्ता	जूते – बड़ा

1. सुंदर — *यह साड़ी सुंदर है।*
2. सबसे सुंदर — *यह साड़ी सबसे सुंदर है।*

3. उससे सुंदर — *यह साड़ी उस साड़ी से सुंदर है।*
4. कम / ज़्यादा — *यह साड़ी उस साड़ी से कम / ज़्यादा सुंदर है।*
5. उस जितना — *यह साड़ी उस साड़ी जितनी सुंदर है।*

(c) ***Ein Sari aus Seide***

साड़ी – रेशम सलवार-कमीज़ – फ़िरोज़ी रंग दुपट्टा – गुलाबी रंग
शॉल – ऊन पाजामा – सफ़ेद रंग कुर्ता – खादी

1. रेशम का होना *यह साड़ी रेशम की है।*
2. का *हमें एक रेशम की साड़ी चाहिए।*
3. वाला *वह रेशम वाली साड़ी दिखाइए।*

(d) ***Augen wie ein See***

झील – आँखें गुलाब – होंठ मोती – दाँत रेशम – बाल

1. झील जैसी आँखें *उसकी आँखें झील सी हैं।*
2. झील सी आँखें *झील सी आँखों वाली*

(e) ***Ein Aussehen wie das meiner Schwester***

आँखें – बहन शक्ल – माँ आवाज़ – दोस्त
कद – भाई आदत – जीजाजी बातें – दादी

मेरी बहन की सी आँखें *उसकी आँखें मेरी बहन की आँखों जैसी थीं।*

(f) ***Das Zimmer oben***

ऊपर – कमरा नीचे – कमरा यह – घर
वह – घर बगल में – इमारत आस-पास – इमारतें

1. ऊपर होना *ऊपर एक कमरा है।*
2. *ऊपर वाला कमरा* *ऊपर वाला कमरा मेरा है।*

21.3 ***In einem Süßigkeitenladen***

(a) Lesen Sie die Frage und unterhalten Sie sich.

आपको कौन-सी मिठाई सबसे ज़्यादा पसंद है ?

(b) Lesen Sie diesen Dialog. मिठाई की दुकान पर

शिवानी तुम क्या खाना पसंद करोगी ?

यूलिया यह लंबी-सी मिठाई कौन-सी है ?

शिवानी यह पाकीज़ा है । तुम यह लोगी ?

यूलिया यह किससे बनती है ?

शिवानी यह मावे से बनती है ।

यूलिया और उसके ऊपर वह चाँदी-सा क्या है ?

शिवानी वह चाँदी की वरक है ।

यूलिया क्या यह असली चाँदी से बनी है ?

शिवानी हाँ, लेकिन इतनी पतली है, कि इसका पता भी नहीं चलता है । तो घर के लिए यह लेते हैं । और आधा किलो चॉक्लेट बर्फ़ी भी लेते हैं । तो बताओ, अभी रसगुल्ला खाओगी ? या गुलाब जामुन ?

यूलिया यह क्या है ?

शिवानी ये ऊपर बाईं तरफ़ वाले सफ़ेद रंग के रसगुल्ले हैं । और वे लाल वाले गुलाब जामुन हैं । ऐसा करते हैं, हम दोनों दो-दो ले लेते हैं, अभी खाने के लिए ।

(c) Antworten Sie auf diese Fragen.

1. यह बातचीत किस जगह हो रही है ?
2. किनके बीच बात हो रही है ?
3. क्या यूलिया विदेशी हो सकती है ?
4. यूलिया ने सबसे पहले किस मिठाई के बारे में पूछा ?
5. क्या पाकीज़ा काजू से बनती है ?
6. क्या चाँदी की वरक में असली चाँदी होती है ?
7. उन्होंने घर के लिए कौन-सी मिठाई ली ?
8. दुकान पर खाने के लिए उन्होंने कौन-सी मिठाई ली ?

(e) Bestimmen Sie alle Attribute und erklären Sie ihre Verwendung.

(f) Übersetzen Sie den Text.

21.4 *Kleidung und Schuhe*

(a) Fragen für Gespräche

- आप कपड़े कहाँ से खरीदते हैं ?
- आपको किस तरह के कपड़े पसंद है ?

(b) Welche Adjektive gehören zusammen? Wie werden sie dekliniert?

खुला	रंगबिरंगा
सादा	तंग
ऊनी	नया
सस्ता	रेशमी
पुराना	महँगा

(c) **Bestimmen sie die Adjektive und ergänzen Sie die Texte.**

पसंद अगला बनारसी

साड़ी की दुकान में

1. क्या आपके पास ________ साड़ी है ?
2. मुझे इनमें से कोई भी ________ नहीं आई ।
3. आपके पास कोई और नहीं है ?
4. ठीक है, मैं ________ हफ़्ते एक बार पता कर लूँगी ।

भारी हलका यह वाला (2x) वह वाला कितने का लाल रंग का

सुनार के पास

1. ________ झुमके ________ हैं ?
2. और ________ , आपके पीछे, ________ ?
3. ________ बहुत ________ हैं । थोड़े से ________ झुमके दिखाइए ।

छोटा बड़ा यह वाला (2x) घर का

जूतों की दुकान में

1. भैया, ________ कैंची चप्पल दिखाना ।
2. थोड़ी ________ है । ________ चप्पल एक ________ नंबर में दिखाना !
3. भैया, किसी और रंग में मिलेगी ? ________ रंग में मेरे पास है ।

(d) **Rollenspiel**

सब्ज़ी मंडी में परचून की दुकान पर हलवाई की दुकान पर दवाइयों की दुकान पर कपड़ों की दुकान में ...

21.5 *Meine Wohnung*

(a) Was bedeuten diese Ausdrücke? Wie werden sie gebeugt?

मुफ़्त   अच्छा   बहुत अच्छा   मेरा   अपना
उम्र का   दस मिनट का   बराबर का
आस-पास का   घर जैसा   पास वाला

(b) Ergänzen Sie die Sätze.

संदीप, 21 साल

1. मैं ______ कॉलेज के ______ एक पी.जी. में रहता हूँ।
2. मैं एक साल से यहाँ रह रहा हूँ और जगह ______ है।
3. ___ ______ ______ कई लड़के साथ रहते हैं।
4. उनमें से कुछ तो ______ दोस्त बन गए हैं।
5. ______ दुकानों में सब कुछ मिल जाता है।
6. ______ खाना मिलता है।
7. ______ वाई-फ़ाई है।
8. कॉलेज का पैदल रास्ता सिर्फ़ ______ है।

(c) Welche Adjektive gehören zusammen? Wie werden sie dekliniert?

लंबा	बुरा
अच्छा	मुफ़्त नहीं
बाहर का	छोटा
मुफ़्त	घर जैसा

(d) Antworten Sie auf diese Fragen.

1. क्या पी.जी. से कॉलेज का रास्ता लंबा है ?
2. क्या संदीप को यह जगह अच्छी लगती है ?
3. क्या संदीप रोज़ बाहर का खाना खाता है ?
4. क्या पी.जी. में वाई-फ़ाई मुफ़्त है ?

(e) Lesen Sie diese Ausdrücke. Welche treffen auf Sie zu?

- मैं – *अपने घर में / किराए के घर में* – रहता हूँ।
- मैं – *अपने घरवालों के साथ / दोस्तों के साथ / अकेले* – रहता हूँ।
- मेरा कमरा – *नीचे / पहली मंज़िल पर / ऊपर* – है।
- मेरे घर के आस-पास – *कई / कुछ दुकानें हैं – एक भी दुकान नहीं है*।
- शाम के समय आस-पास – *शोर होता है – रौनक / शांति होती है*।
- मेरा घर – *कॉलेज / ऑफ़िस* – *के पास / से दूर* – है।

(f) ***Mein Zuhause*** **– Fragen für Gespräche**

- आप कैसे घर में रहते हैं ?
- आपका घर कैसा दिखता है ?

(g) ***Meine Gegend*** **– Fragen für Gespräche**

- आपकी गली कैसी है ?
- आपका मुहल्ला कैसा है ?
- आपके घर के आस-पास की जगह कैसी है ?

22 बाईसवाँ अध्याय

22.1 Absolutivsätze

(a) Lesen Sie die Frage und unterhalten Sie sich.

आपका एक आम दिन कैसा जाता है ?

(b) Welche Ausdrücke gehören zusammen?

सुबह तैयार होना	पढ़ाई करना
कॉलेज जाना	आराम करना
कैंटीन में जाना	घर से निकलना
घर जाना	सोने जाना
अगले दिन की तैयारी करना	दिन का खाना खाना

(c) *Ein gewöhnlicher Tag* – Bilden Sie Sätze nach dem Beispiel.

हम सुबह तैयार होते हैं और घर से निकलते हैं।

...

(d) Bilden Sie dann Sätze mit dem Absolutiv.

हम सुबह तैयार होकर ...

...

(e) Wie bildet und verwendet man den Absolutiv?

(f) Erzählen Sie über einen gewöhnlichen Tag. Verwenden Sie dabei Absolutiv-Konstruktionen.

22.2 Bilden Sie Sätze. In welchen Kontexten könnten Sie diese verwenden?

(a) ***Und (dann)***

उठना – तैयार होना नाश्ता करना – घर से निकलना, ऑफ़िस पहुँचना – काम पर लगना कॉफ़ी पीना – थोड़ा बाहर टहलना घर जाना – आराम करना

मैं	*1. मैं उठता हूँ और तैयार होता हूँ।*
वह	*2. मैं उठकर तैयार होता हूँ।*
मेरा भाई	*3. मैं उठकर तैयार हुआ।*
...	*4. मैं उठकर तैयार होऊँगा।*

(b) ***Und (dabei)***

झिझकना शर्माना मुस्कराना हँसना खिलखिलाना

वह – मैं	*1. वह मुझसे झिझककर बात करती है।*
वह – यह	*2. उसने मुझसे झिझककर बात की।*
सचिन – रुचि	
...	

(c) ***Gleich***

बाज़ार – दूध ले आना नाई के पास – बाल कटा आना ए.टी.एम. – पैसे निकाल लाना डाकखाना – चिट्ठी डाल आना छत पर – कपड़े सूखने डाल आना

जाकर	*क्या तुम बाज़ार जाकर दूध ले आओगे ?*

22.3 ***Eine Reise nach Pushkar***

(a) **Lesen Sie die Frage und unterhalten Sie sich.**

क्या आप कभी अपने किसी दोस्त के साथ कहीं घूमने गए ?

(b) **Was sehen Sie auf den Bildern?**

(c) **Erkennen Sie diese Handlungen auf den Bildern? Bilden Sie Sätze nach dem Beispiel und erzählen Sie, was Nitin und Vipul auf ihrer Reise erlebt haben.**

स्लीपर बस में सफ़र करना	पुष्कर पहुँचना	घाट पर बैठना
आराम करना	बाज़ार जाना	शॉल खरीदना
रास्ते में एक लड़के से मिलना	पहाड़ी पर पहुँचना	सूर्यास्त देखना

नितिन और विपुल स्लीपर बस में सफ़र करके पुष्कर पहुँचे।
पुष्कर पहुँचकर वे ...

(d) **Lesen Sie den Text.**

पुष्कर

पिछले हफ़्ते नितिन और मैं पुष्कर गए। रात की स्लीपर बस में सफ़र करके हम सुबह अजमेर पहुँचे। वहाँ से पहली बस लेकर हम फिर पुष्कर पहुँचे। मार्च महीने के बावजूद धूप बहुत तेज़ थी।

सबसे पहले हम पुष्कर झील देखने गए। वहाँ गोबिंद घाट पर बैठकर हमने थोड़ी देर आराम किया। उसके बाद हम बाज़ार गए। नितिन को अपनी बहन के लिए एक पतली सी शॉल लेनी थी। बाज़ार से निकलकर हमने ब्रह्मा जी का मंदिर देखा, जो बहुत ही सुंदर था।

आगे रास्ते में हमें एक विदेशी सैलानी भी मिला, जिसका नाम मार्कुस था। हम साथ-साथ सावित्री मंदिर देखने गए। मंदिर एक छोटे से पहाड़ पर था। वहाँ से पूरा पुष्कर दिखता है। पहाड़ के शिखर पर पहुँचकर हमने सूर्यास्त देखा।

(e) **Antworten Sie auf diese Fragen.**

1. नितिन और विपुल कैसे पुष्कर पहुँचे ?
2. उन्होंने किस महीने में सफ़र किया ?
3. पुष्कर पहुँचकर उन्होंने सबसे पहले क्या किया ?
4. क्या नितिन ने अपनी बहन के लिए एक जयपुरी रज़ाई ली ?
5. पुष्कर में उनका बाकी का दिन कैसा रहा ?

(f) **Stellen Sie selbst Fragen zum Text. Fassen Sie den Text dann in eigenen Worten zusammen.**

(g) **Bestimmen Sie alle Nebenprädikate und erklären Sie ihre Verwendung.**

(h) **Übersetzen Sie den Text.**

22.4 *Rezepte*

(a) Lesen Sie die Fragen und unterhalten Sie sich.

- क्या आपको खाना बनाना आता है ?
- आपको क्या-क्या बनाना आता है ?

(b) Lesen Sie die Frage und sprechen Sie miteinander.

क्या आपने कभी रोटी खाई है या बनाई है ?

(c) Was bedeuten diese Ausdrücke?

आटा गूँधना	आटे की लोइयाँ बनाना	लोइयाँ चकले पर बेलना
तवा गरम करना	रोटी तवे पर रखना	रोटी तवे पर सेंकना
हल्की आँच पर सेंकना	रोटी फूलने देना	रोटी हॉट केस में रखना

(d) *Wie macht man ein Roti?* – Bilden Sie Sätze.

रोटी

1. आटा परात में (डालना)__________ गूँधते हैं।
2. आटा (गूँधना)__________ उसकी गोल गोल लोइयाँ बनाते हैं।
3. इसके बाद लोइयाँ चकले पर बेलन से (बेलना)__________ ।
4. यह सब (करना)__________ तवा आँच पर गरम करते हैं।
5. तवे पर एक एक (करना)__________ रोटी रखते हैं और सेंकते हैं।
6. फिर रोटी को हल्की आँच पर (सेंकना)__________ फूलने देते हैं।

(e) Lesen Sie die Fragen und unterhalten Sie sich.

- आपको खाने में क्या बनाना पसंद है ?
- आप ... कैसे बनाते हैं ?

(f) **Lesen Sie die Frage und unterhalten Sie sich.**

क्या आपने कभी रायता खाया है या बनाया है ?

(g) **Was bedeuten diese Ausdrücke?**

प्याज़, टमाटर और ककड़ी बारीक काटना   दही में पानी मिलाना दही में काला नमक और ज़ीरा मिलाना   फैंटना स्वाद के अनुसार और भी मसाले डालना   सब कुछ मिलाना सब्ज़ियों को दही में डालना   धनिए और पुदीने के कुछ पत्ते डालना

(h) ***Wie macht man Rayta?*** **– Bilden Sie Sätze.**

प्याज़, टमाटर और ककड़ी बारीक काटकर दही में पानी मिलाना है ।

...

(i) **Lesen Sie die Frage und unterhalten Sie sich.**

क्या आपने कभी पनीर खाया है या बनाया है ?

(j) **Was bedeuten diese Ausdrücke?**

दूध उबालना   नींबू काटना और निचोड़ना नींबू का रस दूध में डालना   दूध फटने देना सब एक कपड़े में डालना   कपड़ा निचोड़ना और पानी निकालना

(k) ***Wie macht man Panir?*** **– Bilden Sie Sätze.**

दूध उबालकर उसमें नींबू काटकर निचोड़ते हैं ।

...

22.5 ***Nach dem Weg fragen***

(a) Was bedeuten diese Ausdrücke?

बस लेना	उतरना	छोड़ना	पार करना	पूछना	चलना (2x)

(c) Ergänzen Sie die Sätze mit Verben im Absolutiv.

ए.टी.एम का रास्ता

भाई साहब, क्या यहाँ कोई पास में ए.टी.एम. है ?

1. थोड़ी देर ______ आगे एक ए.टी.एम. है।
2. एक काम कीजिए, आप सामने वाली सड़क से दाएँ मुड़िए और
3. कोई दो सौ कदम आगे ______ आपको एक चौराहा मिलेगा।
4. उसको ______ सीधे चले जाइए।
5. चार दुकानें ______ आगे बाईं तरफ़ ए.टी.एम. दिख जाएगा।

दवाईयों की दुकान का रास्ता

सुनिए, क्या यहाँ अगल-बगल में कोई दवाईयों की दुकान है ?

1. उस तरफ़, यहाँ से थोड़ी दूर गांधी मार्केट है।
2. वहाँ कई दवाईयों की दुकानें हैं।
3. ऐसा करना, सामने बस स्टॉप से चौबीस नंबर की ______ दो स्टॉप आगे जाना।
4. बस से ______ सामने गली में चले जाना।
5. उसी गली में तीन चार दवाई की दुकानें हैं,
6. आप किसी से ______ पता कर लेना।

(e) Rollenspiel.

स्टेशन का रास्ता ?	बाज़ार ?	ए.टी.एम ?	…

22.6 ***Alltag* – Bilden Sie Sätze und verwenden Sie sie in Gesprächen.**

सुबह उठना	काम खत्म करना	घर आना	रात का खाना खाना

- आप सुबह उठकर क्या करते हैं ?
- आपने कल सुबह उठकर क्या किया ?

22.7 ***90-100***

(a) **Was bedeuten diese Zahlen?**

नब्बे सौ बानवे पचानवे सत्तानवे अट्ठानवे
तिरानवे चौरानवे इक्यानवे छियानवे निन्यानवे

90 ____________ 96 ____________

91 ____________ 97 ____________

92 ____________ 98 ____________

93 ____________ 99 ____________

94 ____________ 100 ____________

95 ____________

(b) ***52, 82, 92*** **– Welche Zahlen gehören zusammen?**

बावन	अट्ठासी	सत्तानवे
तिरपन	बयासी	अट्ठानवे
पचपन	तिरासी	पचानवे
सत्तावन	पचासी	*बानवे*
अट्ठावन	सत्तासी	तिरानवे

23 तेईसवाँ अध्याय

23.1 Relativsätze

(a) Unterhalten Sie sich.

अपने किसी एक सहपाठी का परिचय दीजिए।

(b) Was sehen Sie auf dem Bild?

(c) Bilden Sie Sätze.

ऊपर / तस्वीर / कुछ लड़के / है – वे / एक साथ / पढ़ना

दो लड़के / कंधा / हाथ रखना / खड़ा है – वे / एक होस्टल / रहना

पीछे / एक लड़का / मेज़ / बैठा है – वह / क्लास / बहुत कम / आना

पीछे / एक लड़का / मेज़ / खड़ा है – वह / सबसे ज़्यादा नंबर / आना

एक लड़का / सब / देखना / हँसना – वह / लड़कियाँ / शर्माना

(d) **Lesen Sie die Sätze und unterstreichen Sie, was beide Sätze teilen.**

ऊपर तस्वीर में कुछ लड़के हैं। वे एक साथ पढ़ते हैं। ...

(e) **Verbinden Sie die Sätze wie im Beispiel:**

ऊपर तस्वीर में जो लड़के हैं, वे एक साथ पढ़ते हैं। ...

(f) **Wie werden Korrelativkonstruktionen gebildet und übersetzt? Übersetzen Sie.**

(g) **Erzählen Sie von einem Kursteilnehmer. Die anderen raten, wer es ist.**

अपने जिस सहपाठी की मैं बात कर रहा हूँ, वह ...

23.2 Bilden Sie Sätze. In welchen Kontexten könnten Sie diese verwenden?

(a) **Definitionen – *Berufsbezeichnungen erklären***

चाय बेचना – चायवाला	मिठाइयाँ बनाना – हलवाई
जूते ठीक करना – मोची	कपड़े सीना – दर्ज़ी
कपड़े धोना और इस्त्री करना – धोबी	दरवाज़ा खोलना – दरबान

1. वाला *चायवाला चाय बेचता है।*
2. वह, जो *चायवाला वह है, जो चाय बेचता है।*
3. जो, वह *जो चाय बेचता है, उसे चायवाला कहते हैं।*
4. कहना *चाय बेचनेवाले को चायवाला कहते हैं।*

(b) **Nachdruck – *Über Filme sprechen***

फ़िल्म – बहुत ही अच्छी	उसके गाने – मस्त
सभी का अभिनय – शानदार	फ़िल्म की कहानी – एकदम ज़बरदस्त

1. - *फ़िल्म बहुत ही अच्छी है।*
2. जो ... है, वह *जो फ़िल्म है, वह बहुत ही अच्छी है।*
3. जो, वह *(मैंने कहा) फ़िल्म जो है, वह बहुत ही अच्छी है।*

23.3 ***Rätsel***

(a) Lesen Sie die Texte. Was könnte das jeweils sein?

पहेलियाँ

१.

जिस शहर की मैं बात कर रहा हूँ, वह यमुना के किनारे बसा है।
जिस शहर की मैं बात कर रहा हूँ, उसकी आबादी दो करोड़ है।
जिस शहर की मैं बात कर रहा हूँ, वहाँ क़ुतुब मीनार है।
जिस शहर की मैं बात कर रहा हूँ, उसका नाम है ...

२.

जिस नदी की मैं बात कर रहा हूँ, वह चार राज्यों से गुज़रती है।
जिस नदी की मैं बात कर रहा हूँ, वह पहाड़ों से निकलती है।
जिस नदी की मैं बात कर रहा हूँ, उसको सबसे पवित्र मानते हैं।
जिस नदी की मैं बात कर रहा हूँ, उसका नाम है ...

३.

जिस प्रदेश की मैं बात कर रहा हूँ, वहाँ का साहित्य बहुत प्रसिद्ध है।
जिस प्रदेश की मैं बात कर रहा हूँ, रसगुल्ला वहाँ की मिठाई है।
जिस प्रदेश की मैं बात कर रहा हूँ, वह भारत के पूर्व में है।
जिस प्रदेश की मैं बात कर रहा हूँ, उसका नाम है ...

(b) Bestimmen Sie die Satzkonstruktionen und übersetzen Sie die Texte.

(c) Formulieren Sie ein Rätsel. Die anderen raten.

23.4 *Über Menschen sprechen*

(a) Ergänzen Sie die Tabelle. Übersetzen Sie die Formen des Relativpronomens.

	Rektus	Dativ	Ergativ	Genitiv	से	में	के पास	के साथ
Sg.	जो					जिसमें		
Pl.		जिन्हें						

जो — welcher (welche, welches) / der (die, das)

जिसे — welchem (welcher) / dem (der)

...

(b) ***Das Mädchen, das ...*** **– Bilden Sie Sätze nach dem Beispiel:**

मैं, एक लड़की से मिलना – वह, घर के पास रहना
कोई, पहले मुझसे मिलना आना – मैं, उसे पहली बार मिलना
मैं, किसी के बारे में बताना – वह, बाहर रहना

मैं एक लड़की से मिला। वह घर के पास रहती है। /
मैं जिस लड़की से मिला, वह घर के पास रहती है।

(d) Übersetzen Sie

1. Die Frau, den ich gestern getroffen habe, kenne ich seit meiner Kindheit. 2. Der Junge, der mit mir telefoniert hat, kommt aus unserer Gemeinschaft. 3. Der Junge, mit dem ich gestern ausging, ist mein guter Freund. 4. Der Mann, der gestern kam, um mich zu treffen, ist verheiratet.

(e) **Ratespiel: Sagen Sie einen Satz über eine Person, die Sie vor Kurzem getroffen haben. Die anderen raten, ob das stimmt.**

मैं एक आदमी को जानता हूँ,

... जो बीस साल भारत में रहा।

... जिसे सात भारतीय भाषाएँ आती हैं।

– सच या झूठ ?

23.5 ***Über Fotos sprechen***

(a) **Beschreiben Sie, was Sie auf dem Bild sehen.**

इस तस्वीर में ...

(b) **Bestimmen Sie die Formen der Pronomen und ergänzen Sie den Text.**

जो (2x)	जिस	वह	उस	वे

1. —— तस्वीर आपके सामने है, —— मेरे कॉलेज के दिनों की है।
2. तस्वीर में —— लोग हैं, —— मेरे साथ पढ़ते थे।
3. —— दिन की यह तस्वीर है, —— दिन परीक्षा का आखिरी दिन था।

(c) *Auf dem Foto* **– Bilden Sie Sätze, indem Sie die Ausdrücke verbinden.**

1.a एक लड़का / हाथ / घड़ी / है

1.b वह लड़का / पंजाब / है

2.a एक लड़का / वह / पीछे / बैठा होना

2.b वह लड़का / पास / एक मोटर साइकिल / था

3.a एक लड़का / बाईं तरफ़ / सामने / बैठा होना

3.b वह लड़का / पढ़ाई / खत्म / करना / विदेश / चला जाना

4.a और / एक लड़का / वह / गला / हाथ / डालना

4.b वह लड़का / घर / हम / घर / बगल में / था

(d) **Verbinden Sie die Sätze von (c) wie im Beispiel.**

1. जिस लड़के के हाथ में घड़ी है, वह पंजाब का है ।

2. ...

(e) **Bringen Sie ein Bild mit und erzählen Sie.**

जो ..., वह ... ।

इस तस्वीर में जो लोग हैं, वे मेरे ... हैं / लगते हैं ।

जो सामने लड़की खड़ी है, वह ...

उसके पीछे जो औरत खड़ी है, वह ...

23.6 *Neue Sprachen lernen*

(a) Lesen Sie die Frage und sprechen Sie miteinander.

लोग नई भाषाएँ क्यों सीखते हैं ?

(b) Was bedeuten diese Ausdrücke?

नई भाषाएँ सीखना	बाहर के लोगों से बात कर सकना
बाहर सहज महसूस करना	अपनी दुनिया नई आँखों से देखना
सब याद रख पाना	अच्छी नौकरी ढूँढ़ पाना

(c) Bilden Sie Sätze, indem Sie die Ausdrücke verbinden.

1. कई लोग / नई भाषाएँ / सीखना
2. वे / ज़्यादा लोग / बातें / कर सकना
3. वे / अपना देश / बाहर / सहज / महसूस / करना
4. वे / अपना आसपास / दुनिया / नया नज़रिया / देख सकना
5. वे / याददाश्त / अच्छा रहना
6. वे / नौकरी मिलना / बेहतर मौक़े / मिलना

(d) Bilden Sie Sätze nach dem Beispiel.

जो लोग नई भाषाएँ सीखते हैं, वे ज़्यादा लोगों से बातें कर सकते हैं।
जो लोग ...

(e) Fragen für Gespräche

- आप हिंदी क्यों सीख रहे हैं ?
- आपने इससे पहले कौन-सी भाषाएँ सीखीं ?

23.7 Fragen für Gespräche

- जो रास्ता आपके घर को जाता है, उसमें क्या-क्या आता है ?
- जिस दिन आप पहली बार कॉलेज आए, उस दिन का आपको क्या-क्या याद है ?
- जिन तीन लोगों ने आपको जीवन में प्रेरित किया, उनके नाम बताइए।

23.8 Themen für Gespräche

लोगों पर बातें

- *जो लड़की मेरे सामने बैठी है, उसका नाम ... है।*
- *जो लड़का मेरे पड़ोस में रहता है, वह ...*

चीज़ों पर बातें

- *जो घड़ी मेरे पास है, वह मुझे दो साल पहले तोहफ़े में मिली। ...*
- *जो स्मार्टफ़ोन मेरे पास है, वह ...*

23.9 *100, 1000 usw.* – Was bedeuten diese Zahlen?

सौ	हज़ार	शून्य	लाख	करोड़

0 ______________

100 ______________

1000 ______________

100 000 ______________

10 mio. ______________

परिशिष्ट

Anhang

Kurzgrammatik

A Morphologie

1 Substantive

schwache Deklination:

	Mask.		Fem.	
	Sg.	Pl.	Sg.	Pl.
Rektus	घर	घर	मेज़	मेज़ें
Obliquus	घर	घरों	मेज़	मेज़ों
Vokativ	घर	घरो	मेज़	मेज़ो

starke Deklination:

	Mask.		Fem.	
	Sg.	Pl.	Sg.	Pl.
Rektus	कमरा	कमरे	खिड़की	खिड़कियाँ
Obliquus	कमरे	कमरों	खिड़की	खिड़कियों
Vokativ	कमरे	कमरो	खिड़की	खिड़कियो

2 Adjektive

schwache Deklination:

	Mask.		Fem.	
	Sg.	Pl.	Sg.	Pl.
Rektus	ठीक	ठीक	ठीक	ठीक
Obliquus	ठीक	ठीक	ठीक	ठीक
Vokativ	ठीक	ठीक	ठीक	ठीक

starke Deklination:

	Mask.		Fem.	
	Sg.	Pl.	Sg.	Pl.
Rektus	अच्छा	अच्छे	अच्छी	अच्छी
Obliquus	अच्छे	अच्छे	अच्छी	अच्छी
Vokativ	अच्छे	अच्छे	अच्छी	अच्छी

3 Pronomen

3.1 Das deiktische System

Auffassungsform	Kategorie	interrogativ	proximal	distal	relativ
substantivisch / adjektivisch	Entität	कौन, क्या wer, was?	यह dies	वह jenes	जो …, welches
substantivisch / adjektivisch / adverbiell	Qualität	कैसा welches?	ऐसा solches	वैसा solches	जैसा …, wie
	Quantität	कितना wieviel?	इतना so viel	उतना so viel	जितना …, wie
adverbiell	Ort (statisch)	कहाँ wo?	यहाँ hier	वहाँ dort	जहाँ …, wo
	Ort (dynamisch)	किधर wo?	इधर hier	उधर dort	जिधर …, wo
	Zeit	कब wann?	अब jetzt	तब dann	जब …, wenn / als
	Aussage	क्यों warum?	यों so	त्यों so	ज्यों …, wie

3.2 Pronominaldeklination

Personalpronomen:

	1. Person		2. Person	
	Sg.	Pl.	Sg.	Pl.
Rektus	मैं	हम	तू	तुम
Obliquus	मुझ	हम	तुझ	तुम
Dativ	मुझे	हमें	तुझे	तुम्हें
Ergativ	मैंने	हमने	तूने	तुमने
Genitiv	मेरा	हमारा	तेरा	तुम्हारा

3. Person:

nah		fern	
Sg.	Pl.	Sg.	Pl.
यह	ये	वह	वे
इस	इन	उस	उन
इसे	इन्हें	उसे	उन्हें
इसने	इन्होंने	उसने	उन्होंने
इसका	इनका	उसका	उनका

3.3 Interrogativ-, Relativ- und Indefinitpronomen

interrogativ: / **relativ:**

	interrogativ		relativ	
	Sg.	Pl.	Sg.	Pl.
Rektus	कौन, क्या	कौन, क्या	जो	जो
Obliquus	किस	किन	जिस	जिन
Dativ	किसे	किन्हें	जिसे	जिन्हें
Ergativ	किसने	किन्होंने	जिसने	जिन्होंने
Genitiv	किसका	किनका	जिसका	जिनका

indefinit:

Entität		Ort	Zeit
Sg.	Pl.		
कोई jemand कुछ etwas	कई einige	कहीं irgendwo	कभी irgend-wann
किसी (obl.)	किन्हीं (obl.)		

4 Numeralien

4.1 Kardinalzahlen

1 – १	एक	इक्-, इक-, इक्य्-, ग्य्-	10 – १०	दस	-दह, -लह, -रह, -आरह
2 – २	दो	ब्-, ब-, बा-, बय्-	20 – २०	बीस	-बीस, -ईस, -आईस
3 – ३	तीन	तैं-, ते-, ति-, तिर्-, तिर-	30 – ३०	तीस	-तीस, -त्तीस
4 – ४	चार	चौ-, चव-, चौं-, चौर-	40 – ४०	चालीस	-तालीस, -आलीस
5 – ५	पाँच	पंद्-, पच्-, पच-, पैं-,	50 – ५०	पचास	-पन, -वन, -आवन, -चास
6 – ६	छह	सो-, छब्-, छप्-, छत्-, छ-, छि-, छिय्-	60 – ६०	साठ	-सठ, -आसठ
7 – ७	सात	सत्-, सत-, सर-, सैं-	70 – ७०	सत्तर	-हत्तर
8 – ८	आठ	अठ-, अट्ठ-, अड़-	80 – ८०	अस्सी	-आसी
9 – ९	नौ	नव्-, निन्य्-	90 – ९०	नब्बे	-आनवे
– 1	उन	उन्-, उन-			

उन-	-	उन्नीस	उन-तीस	उनतालीस	उनचास	उनसठ	उनहत्तर	उनासी	-
	-दस	-बीस	-तीस	-चालीस	-पचास	-साठ	-सत्तर	-अस्सी	-सब्बे
एक-	ग्यारह	इक्कीस	इकत्तीस	इकतालीस	इक्यावन	इकसठ	इकहत्तर	इक्यासी	इक्यानवे
दो-	बारह	बाईस	बत्तीस	बयालीस	बावन	बासठ	बहत्तर	बयासी	बानवे
तीन-	तेरह	तेईस	तैंतीस	तैंतालीस	तिरपन	तिरसठ	तिहत्तर	तिरासी	तिरानवे
चार-	चौदह	चौबीस	चौंतीस	चवालीस	चौवन	चैंसठ	चौहत्तर	चौरासी	चौरानवे
पाँच-	पंद्रह	पच्चीस	पैंतीस	पैंतालीस	पचपन	पैंसठ	पचहत्तर	पचासी	पचानवे
छह-	सोलह	छब्बीस	छत्तीस	छियालीस	छप्पन	छियासठ	छिहत्तर	छियासी	छियानवे
सात-	सत्रह	सत्ताईस	सैंतीस	सैंतालीस	सत्तावन	सरसठ	सतहत्तर	सत्तासी	सत्तानवे
आठ-	अठारह	अट्ठाईस	अड़तीस	अड़तालीस	अट्ठावन	अड़सठ	अठहत्तर	अट्ठासी	अट्ठानवे
नौ-	-							नवासी	निन्यानवे

0	शून्य	1,5	डेढ़	2,5	ढाई		
100	सौ	1000	हज़ार	100 000	लाख	10 Mio.	करोड़

4.2 Aggretatszahlen

तीनों 'alle drei', चारों 'alle vier' usw., aber: दो > दोनों, सौ > सैकड़ों

4.3 Ordinalzahlen

1. पहला	2. दूसरा	3. तीसरा	4. चौथा	5. पाँचवाँ	6. छठाँ
7. सातवाँ	8. आठवाँ	9. नवाँ	10. दसवाँ	11. ग्यारहवाँ	…

5 Verben

5.1 Das Existenzverb

<table>
<tr><th rowspan="3"></th><th colspan="2">EI – Gegenwart
ist</th><th colspan="4">EII – Vergangenheit
war</th><th rowspan="3">EIII – Zukunft
soll sein</th></tr>
<tr><th rowspan="2">Sg.</th><th rowspan="2">Pl.</th><th colspan="2">Mask.</th><th colspan="2">Fem.</th></tr>
<tr><th>Sg.</th><th>Pl.</th><th>Sg.</th><th>Pl.</th></tr>
<tr><td>1. Pers.</td><td>हूँ</td><td>हैं</td><td rowspan="3">था</td><td rowspan="3">थे</td><td rowspan="3">थी</td><td rowspan="3">थीं</td><td rowspan="3">चाहिए</td></tr>
<tr><td>2. Pers.</td><td>है</td><td>हो</td></tr>
<tr><td>3. Pers.</td><td>है</td><td>हैं</td></tr>
</table>

5.2 Imperativ

<table>
<tr><th></th><th>Gegenwart</th><th>Zukunft</th></tr>
<tr><td>I</td><td>देख</td><td rowspan="2">देखना</td></tr>
<tr><td>II</td><td>देखो</td></tr>
<tr><td>III</td><td>देखिए</td><td>देखिएगा</td></tr>
</table>

Anmerkung: Honorifikationsstufen – I = तू, II = तुम, III = आप

5.3 Die Grundformen des Verbs

<table>
<tr><td>finit</td><td>Aorist</td><td>देखे</td><td>könnte sehen</td></tr>
<tr><td>adverbiell</td><td>Absolutiv</td><td>देख(कर)</td><td>gesehen habend / sehend</td></tr>
<tr><td rowspan="3">adjektivisch</td><td>PI</td><td>देखता</td><td>sehend(er)</td></tr>
<tr><td>PII</td><td>देखा</td><td>gesehen(es)</td></tr>
<tr><td>PIII</td><td>देखना</td><td>zu sehend(es)</td></tr>
<tr><td>substantivisch</td><td>Infinitiv</td><td>देखना</td><td>das Sehen</td></tr>
</table>

5.4 Verben mit kontrahierten oder unregelmäßigen Formen

	Imperativ	Aorist	PII	
जाना	जाइए	जाऊँ (जाए usw.)	गया (गए, गई)	gehen
होना	होइए	होऊँ (हो, हो, हों, होओ, हों)	हुआ (हुए, हुई)	werden
करना	कीजिए	करूँ (करे usw.)	किया (किए, की)	machen
लेना	लीजिए	लूँ (ले usw.)	लिया (लिए, ली)	nehmen
देना	दीजिए	दूँ (दे usw.)	दिया (दिए, दी)	geben
पीना	पीजिए	पिऊँ (पिए usw.)	पिया (पिए, पी)	trinken

6 Partikel

6.1 Quantifikationspartikel

Pluralität	लोग	(mehrere, viele, alle)	Totalität	भर	ganz

6.2 Relationspartikel (Postpositionen)

Allativ	को	(hin) zu	Lokativ I	में	in
Ablativ	से	(weg) von / mit	Lokativ II	पर	auf
Ergativ	ने	(gemacht) von	Lokativ III	तक	bis zu

6.3 Präzisionspartikel (Postpositionen für zusammengesetzte Adjektive)

Genitiv I	का	(ausschließlich) von	Äquativ I	जैसा	(genauso beschaffen) wie
Genitiv II	वाला	(u.a.) mit	Äquativ II	जितना	(genauso viel / groß) wie

6.4 Kontrastpartikel

exklusiv	ही	nur (ausschließlich)	modal I	तो	ja (bekannterweise)
inklusiv	भी	auch (einschließlich)	modal II	तक	sogar (unerwarteterweise)

B Syntax

7 Nominalkonstruktionen (NK)

Satzposition	Konstruktion	*Singular*	*Plural*	Übersetzung
Vordergrund	Rektus	कमरा	कमरे	Zimmer – Zimmer
Hintergrund	(reiner) Obliquus	कमरे	कमरों	zu / mit …
	Allativ	कमरे को	कमरों को	(hin) zu …
	Ablativ	कमरे से	कमरों से	(weg) von …
	Ergativ	कमरे ने	कमरों ने	(gemacht) von …
	Lokativ I	कमरे में	कमरों में	in …
	Lokativ II	कमरे पर	कमरों पर	auf …
	Lokativ III	कमरे तक	कमरों तक	bis zu …
	weitere adverbiale Konstruktionen	कमरे के पास कमरे के साथ …	कमरों के पास कमरों के साथ …	bei … mit … …
Vertiefung	Genitiv I	कमरे का	कमरों का	von …
	Genitiv II	कमरे वाला	कमरों वाला	mit …
	Äquativ I	कमरे जैसा	कमरों जैसा	wie …
	Äquativ II	कमरे जितना	कमरों जितना	wie …

8 Verbalkonstruktionen (VK)

Zeit	Konstruktion	*neutral*	*intensiviert*	Übersetzung
Gegenwart	EI	है		existiert
	Progressiv		देख रहा है	sieht (gerade)
	Präsens	देखता है	देख लेता है	sieht (stets)
	Zustandsperfekt	बैठा है	बैठा हुआ है	sitzt
Verg.	EII	था		existierte
	Präteritum	देखा	देख लिया	sah
Zukunft	EIII	चाहिए		soll existieren
	Imperativ	देख !	देख ले !	siehe!
	Gerundiv-Konstr.	देखना है	देख लेना है	muss sehen
	Futur	देखेगा	देख लेगा	wird sehen

9 Prädikatsanalyse

Basisform	Konstruktion		Komponenten – Syntax
Absolutiv	Progressiv	देख रहा है	{LEX/Abs.} + {GR/रहना im PII} + {GR/EI} – ag.
Aorist	Futur	देखेगा	{LEX/Aorist} + {GR/B.} – ag.
PI	Präsens	देखता है	{LEX/PI} + {GR/EI} – ag.
PII	Präteritum	देखा	{LEX/PII} – ag. / erg.
	Zustandsperfekt	बैठा है	{LEX/PII} + {GR/EI} – ag.
PIII	Gerundiv-Konstr.	देखना है	{LEX/PIII} + {GR/EI} – aff.

Anmerkungen:

(a) LEX = Hauptverb, GR = Hilfsverb; B. = Bestimmtheitszeichen

(b) ag. = agentivische, erg. = ergativische, aff. = affektivische Satzperspektive

(c) Zustandsperfekt: Diese Konstruktion wird nur bei Verben mit resultativer Aktionsart gebildet.

10 Satzanalyse

10.1 Die festen Satzglieder

0	Prädikat	*Was geschieht?* – VK
1	Subjekt	*Wer oder was tut / ist [= VK]?* – NK im Rektus, spiegelt sich in der VK
2.a	Objekt	*[SUBJEKT] tut [= VK] was?* – NK im Rektus
2.b	Subjektsprädikativ	*[SUBJEKT] ist was?* – NK im Rektus
3.a	(festes) Adverbial	*Wohin? wem? mit wem? von wem?* – NK im Obliquus / + को / से / ने
3.b	(festes) Prädikativ	*Als was?* – NK im Rektus

10.2 Die freien Satzglieder

4.a	(freies) Adverbial	*Wo? wann? wie? unter welchen Umständen?* *In / aus / auf / bei / usw. was?* – NK im Obl. / NK im Obl. + PP
4.b	(freies) Prädikativ	*Als was?* – NK, spiegelt das Bezugswort

10.3 Präzisierung von Satzgliedern

x.1	Attribut	*Welches?* – Pronomen *Wie viele?* – Numeral *Was für ein?* – Adjektiv *Wessen?* – Genitivkonstruktion
x.2	Apposition	*D.h. wer oder was?* – NK, spiegelt das Bezugswort

10.4 Satzbaum (Dependenzdiagramm) des einfachen Satzes

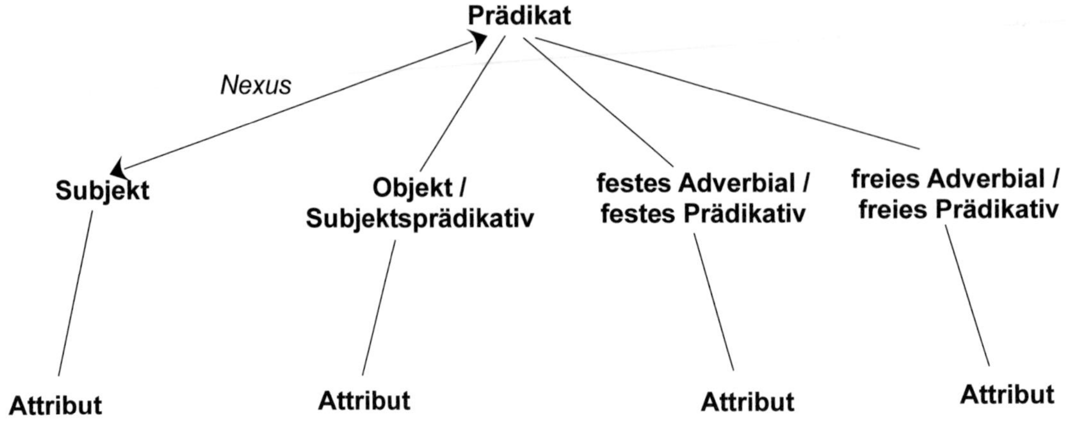

10.5 Satztypen (im Hinblick auf die dem Prädikat nahestehenden Satzglieder)

1	**Existenz--Satz**	{मैं} हूँ।	{Subjekt}
2	**Kopula-Satz**	{मैं} {ऐसा} हूँ।	{Subjekt} = {Subjektspräd.}
3	**intransitiver Satz**	{मैं} आ रहा हूँ।	{Subjekt}
4	**transitiver Satz**	{मैं} {ऐसा} कर रहा हूँ।	{Subjekt} > {Objekt}

10.6 Semantische Satzperspektiven (im Hinblick auf das semantische Subjekt)

1	**agentivisch**	मैं ऐसा कर रहा हूँ।	*ich*
2	**ergativisch**	मैंने ऐसा किया।	*durch mich*
3	**affektivisch**	मुझे (मुझको) ऐसा करना है।	*mir / zu mir*
4	**eventivisch**	मुझसे ऐसा नहीं किया जाता।	*aus mir*
5	**lokativisch**	मुझमें ऐसा करने की क्षमता है।	*in mir*
6	**possessivisch**	मेरा ऐसा करने का इरादा है।	*als das meinige*

10.7 Intensivierung (neutral > intensiviert)

1	**Verbalintensivierung**	a) prozessuell – बैठना > बैठ जाना, देखना > देख लेना, दिखाना > दिखा देना b) statisch – बैठा होना > बैठा हुआ होना
2	**Patiensintensivierung**	मेज़ > मेज़ को

Register[1]

1 In diesem Register sind die Übungen angeführt, in denen die grammatischen und lexikalischen Paradigmen eingeführt bzw. vertieft werden.

Druck und Bindung
Books on Demand GmbH
In de Tarpen 42, 22848 Norderstedt